日本妖怪的世界

妖怪 FILE 01

滑瓢

妖怪們的首領？碩大的禿頭是其特徵

以鳥山石燕的《畫圖百鬼夜行》為首，江戶時代的妖怪書籍中描繪著這個具有碩大禿頭的妖怪，它穿著袈裟或是商人風格的高級和服，以老人家的姿態現身。沒有人知道它從哪裡出現，據說會逕自進入別人的家中自在地喝茶、抽菸管，真實型態不明。也有一說，認為它是妖怪們的首領。

妖怪檔案

滑瓢

別名	滑頭鬼
出沒地點	日本全國
體型大小	與成年人類差不多

其他

會隨意闖入別人家中，悠哉自在地彷彿在自己家裡一樣

Column

滑瓢是海坊主的同伴！？

根據岡山縣的傳說，滑瓢是海坊主的一種。它會放出人頭大小的圓珠子在海面上載浮載沉，當人類試圖撈取的時候，就會將船隻戲耍得團團轉。

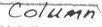

妖怪 FILE 02

洗豆妖

出沒於水邊 看不見身影的妖怪

若是在河畔聽見「咿咻咿咻」的聲響，那或許正是洗豆妖淘洗紅豆的聲音。洗豆妖一般來說不會現身在人類眼前，被認為是人畜無害的妖怪。但若是聽見「洗洗紅豆囉，吃吃人類囉」這樣的歌聲，就必須特別小心了；如果試圖尋找歌聲的來源，一定會跌入河川、喪命於水中。

妖怪檔案

洗豆妖

別名	淘豆妖等等，族繁不及備載
出沒地點	日本全國
體型大小	不明

其他

又名「撈豆」、「唰啦洗豆」等，名稱眾多

Column

洗豆妖之歌

每個地方都有各自不同的洗豆妖之歌。長野縣是「淘洗紅豆唷，來吃人類唷，咿咻咿咻」，新潟縣則是「洗洗紅豆囉，吃吃人類囉」。

妖怪 FILE 03

二口女

後腦杓的傷口變成了另一張嘴

這是後腦杓有著另外一張嘴的女性妖怪。在桃山人所著作的《繪本百物語》裡，二口女是餓死了前妻小孩的繼室，在繼子死後四十九天，後腦杓的傷口變成了另外一張嘴。傷口會在每天的固定時刻出現劇痛，但只要餵食就能神奇地平息這份痛楚。這個傷口告訴繼室，必須反省殺害繼子的行為。

妖怪檔案

二口女

別名	不用吃飯的新娘
出沒地點	日本全國
體型大小	與人類女性差不多

其他
使用蛇般的頭髮將食物送進後腦杓的嘴裡

Column

象徵著女性的雙面特性！？

在古代傳說故事裡也看得到二口女的身影，其真面目是山姥或蜘蛛。而從之後的故事傳承中可以發現，二口女頭上的另一張嘴，被認為象徵著女性的雙面特性。

妖怪 FILE 04

雪女

妖怪檔案

雪女

別名	雪女子、雪女郎等
出沒地點	降雪地區
體型大小	與人類女性差不多

其他

多出現於降雪的夜晚或有風吹雪的晚上

出沒於日本全國各地有其可怕的一面

不僅限於大雪地帶，雪女的傳說也出現在東京或九州地區，這是在日本全國各地都留下傳說痕跡的雪之妖怪。雪女的外貌多為膚色白皙的美女，但各地的雪女似乎有著南轅北轍的性格。有「不討人喜歡的新娘進入浴室後，只剩下了細小的冰柱」這樣的傳說，另一方面卻也有「奪取遇到的人的靈魂」或「生食小孩肝臟」這樣恐怖的雪女。

Column

雪女的愛情故事

隱藏了自己真實身分的雪女，與人類男子結成夫妻，卻留下深愛的丈夫與孩子消失了……。這段知名故事，出自小泉八雲的《怪談》。

妖怪 FILE 05

狐火

不可思議的燈火連接成串
「狐嫁女兒」的場面相當壯觀

在以火球為代表的怪火現象之中，狐火就是一般認為由妖狐所引發的火焰。雖然一樣名為狐火，但燃火方法卻不盡相同，有的認為妖狐是在

妖怪檔案

狐火

別名	無
出沒地點	日本全國
體型大小	不明

其他

形成狐火的原因眾說紛紜，至今仍沒有一個確切的解釋

嘴前放出火球，也有以尾巴點火，或者是將動物骸骨點成火把等說法。

有時會看到許多狐火聚集成列，這種場景被特別稱為「狐嫁女兒」或是「妖狐提燈行列」。

Column

以狐火數量預言來年收穫

江戶的王子稻荷（現今的東京都）是聞名的狐火出沒地區。除夕時會出現壯觀的狐火，而附近的農民們則以狐火的數量預測來年收穫。

妖怪 FILE 06

豆腐小僧

妖怪檔案

豆腐小僧

別名	一點都不可怕小僧
出沒地點	江戶、鹿兒島
體型大小	與人類小孩差不多

其他

時常出現在雨天的路上

Column

豆腐小僧的別名

豆腐小僧的別名「一點都不可怕小僧」，其實來自於「一點都不堅硬的軟嫩豆腐」（※譯註）。要是一不小心吃掉了豆腐小僧捧在手上的豆腐，據說會在體內長出黴菌。

※因不堅硬（固くない）的發音與不可怕（こわくない）相同，取其諧音。

怯懦而受欺負的孩子
是江戶最受歡迎的妖怪

豆腐小僧是常見於江戶時代讀物或玩具上的高人氣妖怪。戴在頭上的斗笠與手上捧著的豆腐是它的註冊商標。雨天的晚上它會尾隨在人類身後，但其實沒有惡意。除了怯懦膽小之外還有其他不少弱點，例如常受其他妖怪欺負、不小心把重要的豆腐掉到地上等等。與豆腐小僧相似的妖怪還有獨眼小僧、大頭小僧。

妖怪 FILE 07

貓又

妖怪檔案

貓又

別名	無
出沒地點	日本全國
體型大小	與貓差不多

其他

在民間信仰中，人類飼養的貓咪在年老時進入山裡，就會變成貓又

Column

化貓與貓又的不同之處

化貓與貓又的不同之處，在於尾巴是否分岔為兩條，除此之外沒有其他明確的差異點。發生在佐賀縣的「鍋島化貓騷動」還成了歌舞伎的表演劇目。

為鎌倉時代的人們所畏懼，有著兩條尾巴的貓

貓咪經過長長的歲月洗禮後變成的妖怪。其特徵是分岔的兩條尾巴，普遍性格凶暴，自古時候開始，就是因襲擊人類而備受畏懼的恐怖妖怪。在鎌倉時代歌人藤原定家的《明月記》中也可見到貓又的身影，據書中記載，貓又一個晚上吃了七～八個人。在某些地方，貓又傳説甚至成了地名，例如富山縣的貓又山。

妖怪 FILE 08

座敷童子

妖怪檔案

座敷童子

別名	座敷小童、藏小童等
出沒地點	東北地區
體型大小	與人類小孩差不多

其他

座敷童子有時會出現在旅館

能夠招來幸運的幼小妖怪

在以岩手縣為中心的東北地區，有許多關於座敷童子的傳說或目擊情報。根據目擊者所說，座敷童子是身形為三～十二歲左右的女孩或男孩，留著一頭齊瀏海的娃娃頭髮型，身上穿著和服。凡是出現座敷童子的家庭就會變得繁榮興盛，而座敷童子離開後就會變得沒落。

座敷童子也會惡作劇，在人類睡覺的時候動動枕頭，或使物品發出聲音等。

前言

妖怪熱潮已吹起。妖怪們在各種媒體上登場、大大活躍於幻想世界，許多博物館與美術館也開辦了創意十足的各種展覽。作為這股妖怪旋風的背景，宮崎駿工作室的動畫電影與水木茂的漫畫自然有著不可忽視的重大作用，同時，近期「妖怪手錶」的爆炸性高人氣也有相當的影響。

秉持著「不好好了解妖怪文化，就無法深入了解日本文化」的信念，我從小就開始研究妖怪文化，然而在學問的世界中，根深柢固地將妖怪視為來自民間迷信的低層次文化，認為妖怪對過著科學生活的現代人而言是無用的東西，會隨著世間萬物的進步逐漸自然消失，因此絲毫沒有研究的價值。確實，現代社會中幾乎沒有人會再如同古人般全心全意相信妖怪的存在，即使遇見了難以解釋的事件，也不再往妖怪作祟的方向思考了。

但即便如此，我們還是會自發性地在生活中找回妖怪的身影。就像現在的妖怪旋風，正是以「文化」的形式展現了妖怪的回歸與全新路線。同時乘著這股熱潮，也終於開始有了較活躍的妖怪研究。

那麼，究竟是什麼讓妖怪文化復活了呢？為了回答這個問題，我們必須針對妖怪究竟是甚麼？妖怪有著什麼樣的歷史？妖怪與神及幽靈的差別在哪裡？日本的妖怪種類？妖怪身上寄託著什麼樣的訊息？等課題進行詳細探討。

這本書，不過是一個進入妖怪世界的入口，以此為入門踏板，帶領各位發揮想像力、一步步走進深奧的妖怪文化世界。如此一來，必然就能夠找出妖怪之於日本人不可或缺的理由。

小松和彥

日本妖怪的世界

第1章 棲息於日本的古典妖怪 21

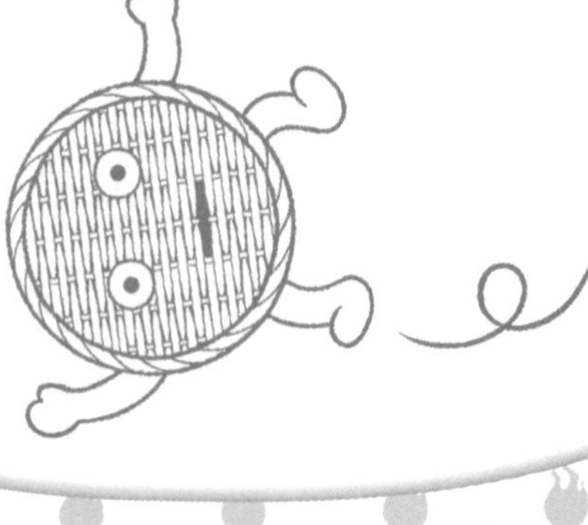

※「古典妖怪」、「傳承妖怪」、「都市傳說妖怪」甚至是「日本全國妖怪地圖」的分類明確定義上，向來眾說紛紜。本書經各方取材後才做出書中的分類判斷，特此說明。

第1章

棲息於日本的古典妖怪

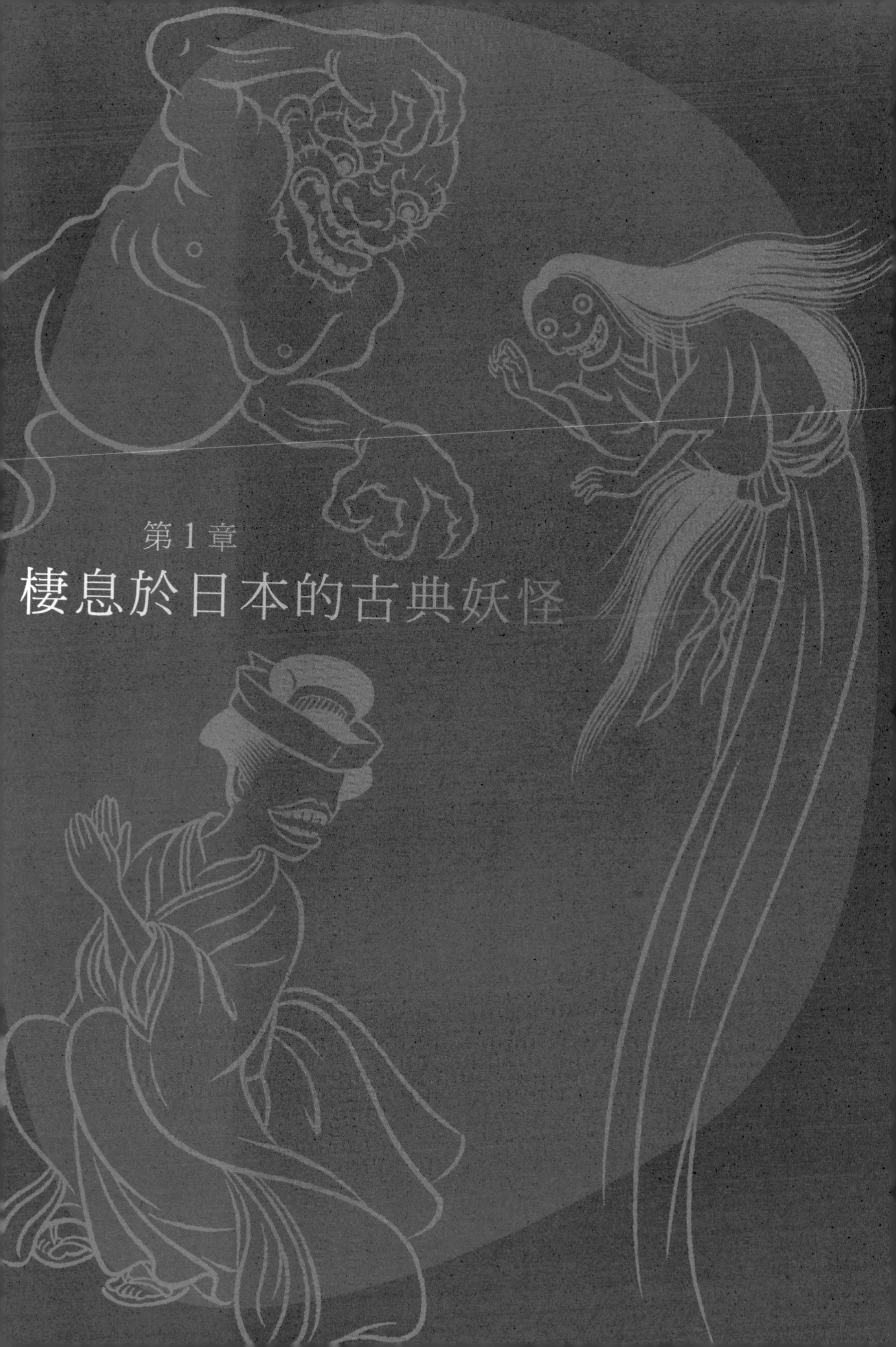

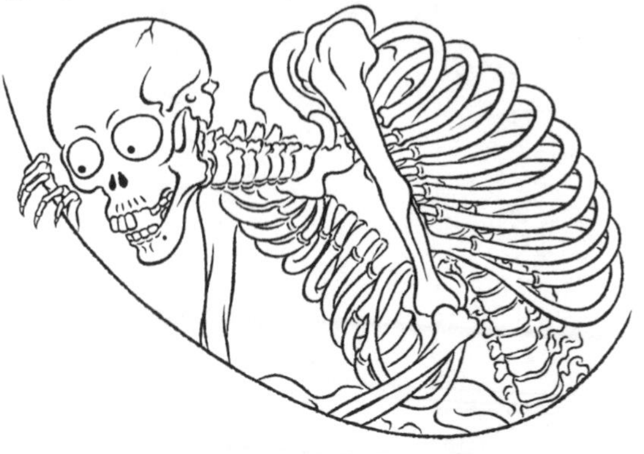

妖怪們的世界

在日本，流傳著許許多多關於妖怪的傳說。「怪異・妖怪傳承資料庫」（國際日本文化研究中心）統整了至今為止在民俗學相關調查中發現的怪異・妖怪案例，其中收錄的實際案例達三萬五千件以上（二〇一五年四月的數據資料）。自古以來，日本人就深深相信著有無數的妖怪棲息在我們每日的生活之中。

舉例來說，《鬼太郎》（水木茂著）就是日本無人不知無人不曉的名作，其中不乏誇張特色化與原創的角色塑造，但對於自古以來受到深刻「存在」信仰的既有妖怪們，水木茂也將之化為作品中的一角。想必有不少讀者對撒砂婆婆與兒啼爺等妖怪的印象是來自於水木茂的畫作。而這樣「家喻戶曉」的妖怪，在日本多不勝數。

同時還有在學校及各地區流傳的七大不可思議傳說、都市傳說中登場的妖怪。害怕著廁所裡的花子，或因人面犬目擊消息而感到興奮不已的

人也不在少數。

從民俗學的角度來看，妖怪與地方文化也是不可分割的一體。鬼、妖狐、化狸、天狗等傳說遍及日本全國的知名妖怪自不必說，就算是北海道的克魯波克魯、島根縣的八岐大蛇、沖繩的木精等等，這些結合於地方特有歷史的在地妖怪們，即使到了現代仍然有著各種繽紛精彩的傳說。

妖怪可說是日本人天生豐沛想像力所帶來的恩賜產物；而妖怪文化，就是傳統與現象結合，將傳說具體化、賦予其形貌後所流傳下來的結果。在諸多傳說與形容當中，繪者們儘可能地將其化為視覺產物，使之流傳於後世。本書繪者柴田尤正是在參考了大量資料後，描繪出書中各種形貌逗趣可愛的插圖。

那麼，現在就讓我們出發前往妖怪的世界吧！期望各位能夠在其中徹底品味這些恐怖又美麗、哀愁偶而還帶著點怪異的生物們的世界。

妖怪 FILE 09

反枕

妖怪檔案 反枕

別名	枕小僧
出沒地點	日本全國
體型大小	與人類小孩差不多
其他	在鳥山石燕的《畫圖百鬼夜行》中，也有反枕

一旦枕頭被翻過來，就無法從夢境中脫身了

睡前就枕在頭下的枕頭，到了早上卻翻了一面，像這樣不知不覺中枕頭被移動了的狀況，可能就是反枕在作怪了。

反枕的外形大多是小孩或小和尚，在鳥山石燕所繪的《畫圖百鬼夜行》中則將之描繪成小小的金剛力士。反枕的名稱因地而異，靜岡縣西部地區稱之為「枕小僧」，在當地的傳說中，枕小僧是棲附於家中的一種靈怪。另外，在東北地區則認為，若睡覺的時候枕頭位置發生改變，也有可能是座敷童子的惡作劇。

然而我們絕對不可以對反枕抱有「只是動動枕頭而已，一點也不可怕」的輕視之心。自古以來，枕頭被認為是魂魄從現世通往夢中世界的媒介，換句話說，若是在沉睡時移動了枕頭，魂魄就會迷失在夢中世界而無法回到現實了。位於和歌山縣的龍神村，就有一則七位樵夫並枕而眠時，因為枕頭被翻轉移動而全部死去的傳說。

妖怪 FILE 10

一反木棉

妖怪檔案

一反木棉

別名	無
出沒地點	鹿兒島縣肝付町
體型大小	約一反

其他

潛伏在可以眺望海面的權現山上，每到夜晚就會出來活動

其實，它是會襲擊人類的恐怖妖怪

在水木茂的原著漫畫《鬼太郎》與改編動畫中，一反木棉是大家耳熟能詳的妖怪。談到一反木棉，許多人腦中應該會浮現長長的布條飄盪浮游在半空中，與主角鬼太郎並肩作戰的身影。

雖然今日的一反木棉在全日本都具有高知名度，但其實它原本只是流傳於鹿兒島高山町（現在的肝付町）一帶的地方妖怪。

每到夜晚，就會有一條約一反長（長度約十點六公尺，寬度約三十公分）的布條獵獵飛舞於空中，遇人就纏住對方的脖子、捲住對方的臉，使人類窒息死亡。從前當地的小孩據說都曾被「在外面玩得太晚的話，就會被一反木棉抓到喔！」的話恐嚇。

與一反木棉相似的妖怪還有新潟縣佐渡島上傳說的衾，以及出沒在愛知縣佐久島上的棉被妖怪。衾的外型類似一張大大的浴巾，會突然出現覆蓋在人類的身上，不管用多銳利的名刀都無法切開；棉被妖怪則是在柳田國男著作的《海村生活研究》中，有「呼地飛過來、唰地蓋在身上，使人窒息」這樣一段描述。

妖怪 FILE 11

海坊主

看見它就會長壽 !?

以海坊主為領袖、盤踞於海中的妖怪大多會為人類招來災厄。不過也有例外，在愛媛縣松山市的傳說中，看見海坊主的人會長壽。

妖怪檔案 海坊主

別名	海小僧、海入道等
出沒地點	日本全國
體型大小	不明
其他	與船幽靈一樣，會向船上的人「借杓子」

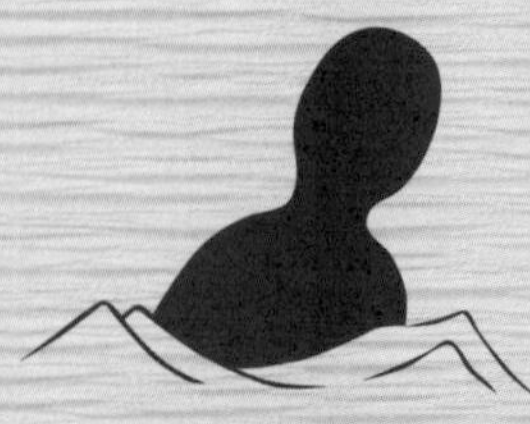

使其發怒會招來可怕災禍
潛伏在海中的妖怪

由於四面環海的地理環境，日本有許多海中的妖怪。其中最具代表性的，就是海坊主。

據說現身在和泉貝塚（現今的大阪府）足足有三日之久的海坊主，其身軀漆黑，從海面上往往只能看見半個身體；出現在阿波（現今的德島縣）與土佐（現今的高知縣）交界海域的的海坊主，據史料記載高約十丈（約三十公尺），身體上窄下寬，姿態彷彿巨大佛像，找不到明顯應該是臉部的部位。

海坊主的型態長相雖然因地域不同而有相當的差異，不過凶暴的個性是其共通點，各地都有船隻被海坊主損毀沉沒、船上人類喪生於深海之中的故事。有些地方的海坊主甚至有變化形態的能力，愛媛縣宇和島就有漁夫的妻子被化身成按摩師的海坊主所殺害的故事。

妖怪 FILE 12

山姥

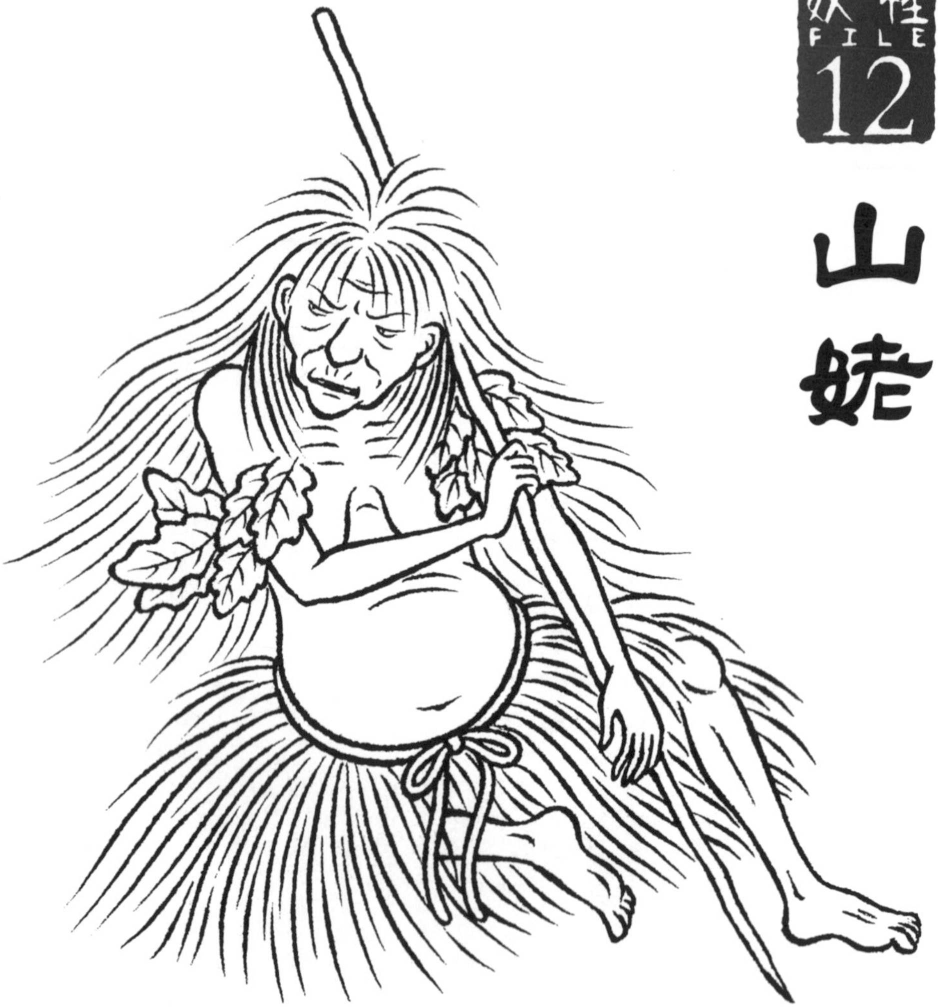

妖怪檔案 山姥

別名	山母、山姬、山女郎等
出沒地點	日本全國
體型大小	與成年人類差不多
其他	也有傳說認為山姥是枯敗的山峰的女神

傳說中那位金太郎的母親，居然是山姥!?

在古早傳說中登場的山姥，大多被描繪成吃人的邪惡角色。身穿破爛和服的老婆婆，雙眼燦燦發光，頂著一頭雜亂不整的頭髮，襲擊人類。說到山姥，很多人腦中是不是會浮現這樣的畫面呢？在各地傳承的傳說故事中，確實有許多山姥被形容為食人鬼。然而另一方面，卻也有許多為人類帶來幸運的山姥傳說，例如對遭受繼母與繼母孩子虐待的少女伸出援手的山姥、對幫助自己生產的獵人報恩的山姥等等，這一類的故事也不少。另外，也有山姥以年輕貌美的貴夫人姿態現身的傳說。

著名的大力士、小時候就以金太郎之名擊退酒吞童子而聞名的源賴光家臣坂田金時，據說他的母親就是山姥。在江戶時代發行的《前太平記》中，對山姥有「在夢中見到赤龍而懷了金太郎」這樣一段說明。活躍於江戶時代的劇作家進松門左衛門與浮世繪繪師喜多川歌麿，皆留下了以山姥和金太郎為主題的作品。

妖怪 FILE 13

齒黑女

妖怪檔案 齒黑女

別名	黑齒
出沒地點	日本全國
體型大小	與成年人類差不多
其他	只會驚嚇看到它的人，據說不會對人類造成危害

臉上只有一張塗黑牙齒的嘴

將牙齒染成黑色，稱為齒黑。這是平安時代上流階層間廣為流傳的習慣，江戶時代則將齒黑視為已婚女性的身分辨識。在當時，染成黑色的牙齒被視為「美麗」與「性感」的代表。

齒黑女正如其名，是一種將牙齒塗染成黑色的妖怪，只不過在它的臉上沒有眼睛鼻子，只有一張嘴，從這張嘴裡可以看到染得墨黑的牙齒。發行於江戶時代的《繪本百物語》中，在頭戴角隱（※譯註），身穿華麗和服的齒黑女插畫旁邊，有段介紹如下。

路過古老神社時，神社前的路上有一位低著頭的女性。上前關心，回過頭來的女性臉上既沒有眼睛也沒有鼻子，只有一張巨大咧開的嘴，發出喋喋怪笑。讓看見的人直說：「恐怖到我這輩子都不想再看到了。」這本書中還說道，齒黑女在東國又被稱為「野篦坊」，多是妖狐或化狸在轉化為人時失敗而形成的妖怪。

※日本傳統婚禮中新娘戴的巨大白色帽子稱為「角隱」，有收起脾氣與稜角、祈求婚後生活和諧的涵義。

妖怪 FILE 14

撒砂婆婆

撒砂妖怪的真面目

許多地方認為，撒砂妖怪的真面目是狸一類的小動物，然而長崎的河童卻會從人類的背後潑撒砂子惡作劇。

妖怪檔案 撒砂婆婆

別名	無
出沒地點	奈良縣、兵庫縣
體型大小	不明
其他	只會潑灑砂子， 沒有其他危害

真面目是老婦人還是化狸？看不見真正身形的謎樣妖怪

行經人煙稀少的森林或神社時，不知道從那裡飛來一陣風砂。在奈良縣三不五時發生的這種怪異現象，據說就是撒砂婆婆的傑作。

因為名稱中有著「婆婆」兩字，想必多數人在腦中浮現的，是年老女性的身形；水木茂的漫畫《鬼太郎》中，也是將撒砂婆婆描繪成穿著和服的老婆婆。然而事實上，沒有人真的見過撒砂婆婆的樣貌。

在兵庫縣西宮市，將撒砂子的狸稱為撒砂婆婆；化狸爬上民家的松樹，每到夜裡就對著路過樹下的人類潑撒砂子。說是潑撒砂子，但其實並沒有真的撒下砂土，而是發出撒砂的聲音而已。至於為什麼要發出撒砂子的聲音？又為什麼明明知道是化狸做的好事，卻稱之為撒砂婆婆呢？其真正的理由至今眾說紛紜。

以砂子進行惡作劇的妖怪，還有「撒砂鼬」及「撒砂狐」，在各地方都有其傳說故事。

妖怪 FILE 15

塗壁

妖怪檔案 塗壁

別名	壁塗
出沒地點	日本全國
體型大小	不明
其他	在大分縣又稱為「狸之塗壁」或「鼬之塗壁」

突然擋住前行道路
雙眼無法看見的巨大牆壁

走在夜晚的道路上，突然出現某樣東西堵在面前，使人無法繼續往前行走。在福岡縣遠賀郡，認為這就是遇上名為塗壁的妖怪了。

當地同時還流傳著遇見塗壁時的應對方法：取一根棍子或某樣物品向下方敲擊，如此一來塗壁就會消失無蹤了。順帶一提，敲擊上方的話無法得到任何效果。

還有其他妖怪和塗壁一樣，會堵在路上阻人前行。例如在德島縣，若三更半夜走在沒有人的路上，路中央會出現一座巨大的衝立（一種不可折疊的立屏風），行人就沒辦法繼續前進了，這種狀況被稱為「衝立狸」；高知縣的「野襖」也會以同樣的方法阻攔行人。無論遇上其中的哪一種妖怪，絕不可驚慌。面對衝立狸時，只要以丹田出力繼續前進，就可以通過；遇見野襖的時候，只要冷靜下來抽二、三根菸，對方就會自然地消失了。

妖怪 FILE 16

垢嘗

帶來教訓的妖怪

浴室浴池是很容易累積汙垢的地方。因此反而必須要隨時注意、加以清潔。有一種說法，認為妖怪垢嘗就是從這個教訓中誕生的妖怪。

妖怪檔案 垢嘗

別名	垢舐
出沒地點	日本全國
體型大小	與人類小孩差不多
其他	只會舔舐汙垢，不會主動襲擊人類

出沒在骯髒不潔的浴場
用長長的舌頭舔舐著汙垢

現身在浴場中，妖如其名的吃汙垢妖怪。以鳥山石燕的《畫圖百鬼夜行》為首的江戶時代妖怪圖畫中，垢嘗以裸身小孩的形貌出現，披頭散髮、手指成爪、長長的舌頭，都是它的正字標記。

妖怪圖畫中並沒有以文字說明垢嘗的特徵，只不過，在江戶時代初期發行的《古今百物語評判》中，有一條「關於垢舐」的項目。根據這個條目，垢舐是出現於積塵或厚垢地方的妖怪，居住在古舊的浴場或荒廢的屋子裡。而垢嘗恐怕就是由這個垢舐妖怪演化而來的產物。

在浴場中現身的妖怪並不只有垢嘗一種。宮崎縣就有喜歡浴場的河童，會潛入民宅、擅自使用浴池入浴。據說河童泡過的洗澡水又黑又髒，還會發出惡臭。另外，河童的同類「山猱」似乎也很喜歡泡澡，在熊本縣也出現類似的傳說。

妖怪 FILE 17

野篦坊

又遇怪異事件 !?

遇見怪異事件的人，向前逃跑後又再次遇見怪異事件，被稱為「再度之怪」。而野篦坊傳說就是典型的再度之怪。這些傳說也納入了落語（譯註：日本傳統說唱藝術，類似單口相聲）的題材。

妖怪檔案 野篦坊

別名	光滑坊、滑溜坊
出沒地點	日本全國
體型大小	與成年人類差不多
其他	有許多真實面貌不明的野篦坊

用猶如雞蛋般光滑的臉驚嚇人類

野篦坊是沒有眼睛、沒有鼻子也沒有嘴巴的妖怪。光滑坊、光滑小童、滑溜坊、咕溜坊等，依地域不同有著各式各樣的名稱。

在為數眾多的野篦坊傳說當中，最有名的莫過於收錄在小泉八雲著作《怪談》中的「貉」這篇。

從前某位男子在赤坂紀國坂（現今的東京都）遇見了一位蹲在地上哭泣的女子。正當男子關心地開口問怎麼了的時候，女子回過頭來，臉上本該有眼鼻口的位置一片空白。見狀，男子倉皇地逃跑，逃進了路邊的一家蕎麥麵攤，並且把剛剛所看見的告訴了麵攤的老闆。沒想到，聽了男子的話之後，一直背對著外面的老闆一面說道：「那個女人的臉，是像這樣的嗎？」一面轉過身來。男子在看清老闆的臉後就昏倒了。因為，麵攤老闆居然也是無臉的野篦坊。

從這篇小說的標題就可以看得出來，故事中的怪異事件是貉的傑作，但其實在大多數場合中，一般會認為是妖狐或化狸變成人的惡作劇。

妖怪 FILE 18

肉瘤怪

名稱源自於形容濃妝的詞彙

「肉瘤怪（ぬっぺほふ）」的日文名稱，是由「ぬっぺり」這個形容厚粉濃妝的詞彙轉變而來。或許是這個緣故，肉瘤怪的圖像往往會塗成白色。

妖怪檔案 肉瘤怪

別名	肉人、肉怪
出沒地點	日本全國
體型大小	不明
其他	以塗成白色的形象呈現在畫上

江戶城裡也有它的蹤跡!?一頭身的肉塊妖怪

曾在鳥山石燕的《畫圖百鬼夜行》中出現過的妖怪。在肉滾滾的肉塊上長出手腳，眼、鼻、口皆埋在下垂的肉裡，因此外型並不明確。

由於書中只有肉瘤怪的畫像，因此對於它的真實面貌或與人類的往來方式等，有相當多不明確的地方。只不過，從民間傳說推論，肉瘤怪一開始會偽裝成人的樣子，與人類親近交談。等到對方完全放下戒心之後，才會突然展現出自己的真實樣貌，讓對方嚇一大跳。在部分傳說中，肉瘤怪會出現在墓地或廢棄寺廟，身上帶著屍體般的惡臭。

在江戶城的記錄中，還有一種與肉瘤怪相似的妖怪出沒紀錄。根據江戶時代後期撰寫的隨筆集《一宵話》中記載，慶長十四年（一六〇九年）時，江戶城的中庭突然出現了一種形似肉塊的東西。這種不可思議的生物，其外形近似於肉瘤怪。

另外有一種說法，認為肉瘤怪是野篦坊的原型，或者是同類。

妖怪 FILE 19

鵺

妖怪檔案

鵺

別名	無
出沒地點	京都
體型大小	不明
其他	在靜岡縣伊豆的國市，每年一月會舉行鵺的淨化祭典

頭似猿、四肢如虎、以蛇為尾，震撼了朝廷的怪物

鵺，原本是虎斑地鶇的別名。虎斑地鶇會在夜深人靜的晚上，發出人類哀鳴般的「唏—唏—」聲響，因此是不受人們喜愛的厄運之鳥。而鵺這個名稱轉化為妖怪的名字，是在平安時代的時候。

根據《平家物語》記載，第七十六代近衛天皇在位的年代，有一片漆黑的烏雲覆蓋了天皇的宮殿，持續出現令人不舒服的聲音等怪異現象，天皇甚至因此臥病不起。當時，受命擊退烏雲的弓箭名手源賴政，朝烏雲射去一箭，就見到從烏雲中掉下一隻頭似猿、身軀若狸、四肢如虎、以蛇為尾，叫聲極似虎斑地鶇的怪物。從那之後，因為鳴叫聲的關係，人們就將這隻怪物稱為鵺。

事後，鵺的屍體被放入鴨川隨河水流走。據說鵺漂流的屍體最後擱淺在現今的大阪市都島區，另一說是在兵庫縣蘆屋市，而住在那塊土地上的人們因為害怕鵺會作祟，遂將之供奉起來，至今仍可看見其供奉的鵺塚。另外，大阪港的紋章就是以鵺為圖形，其傳承便來自於此。

妖怪 FILE 20

轆轤首

妖怪檔案

轆轤首

別名	無
出沒地點	日本全國
體型大小	與成年人類差不多
其他	轆轤首基本上是無害的妖怪，但飛舞的頭有撞到人的可能

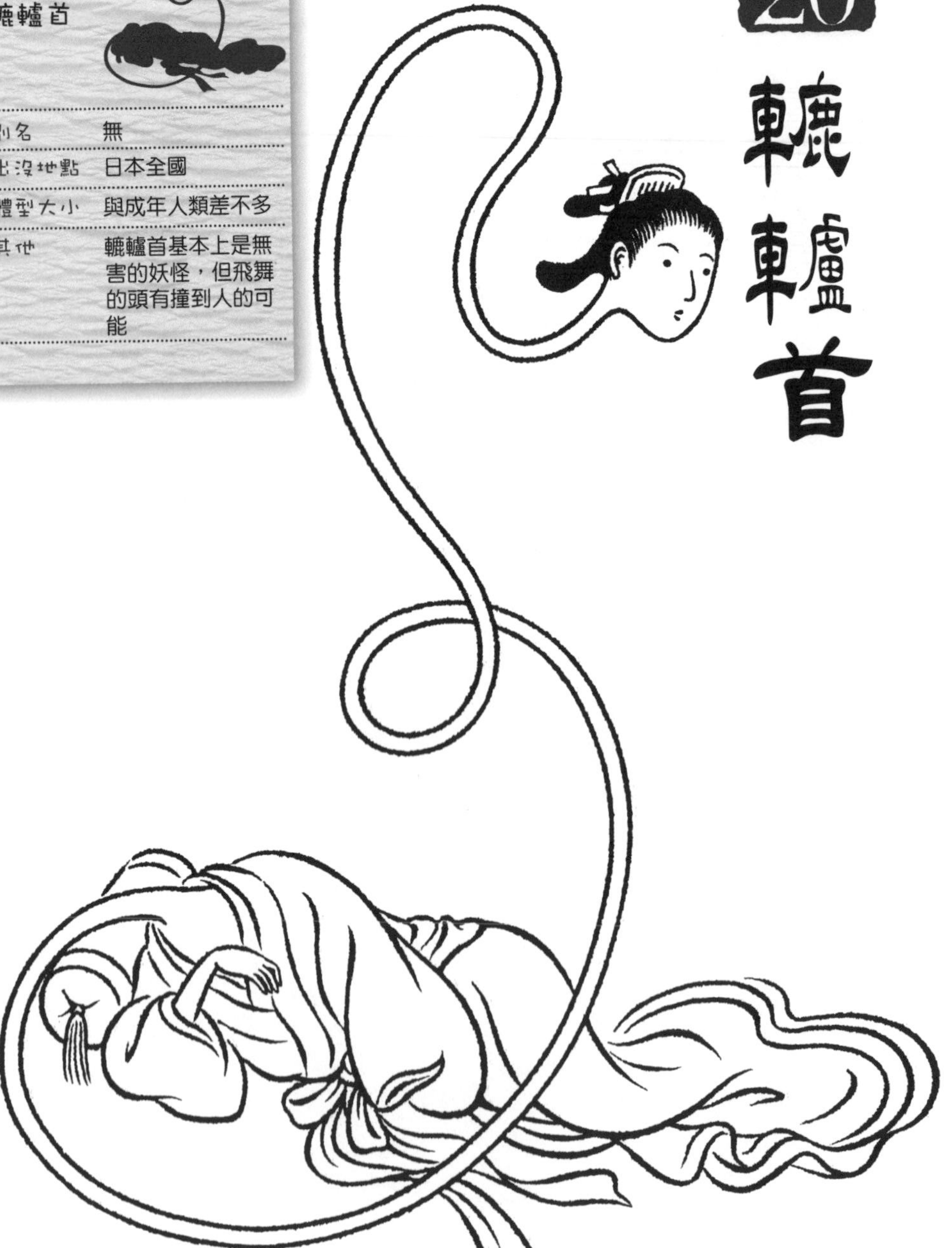

其實這是一種病!?還有頭部獨立飛起的類型

一到晚上，脖子就會變長的妖怪。架在井口上掛著水桶，可以上下滑動的轉輪稱為「轆轤」，據説轆轤首的名稱由來就是因為其伸長的脖子像轆轤一樣。

江戶時代的文獻裡記載了許多轆轤首的目擊事件，轆轤首幾乎都是女性樣貌。然而，位於奈良縣吉野山深山處的轆轤首村，據説也出現過男性的轆轤首。另外，江戶時代發行的妖怪書籍中也描繪了許多「見越入道」伸長脖子的圖像，甚至還有見越入道與轆轤首是夫妻關係的記載。

除此之外，還有一種説法認為轆轤首其實是一種疾病。這種説法認為，睡覺時出現脖子伸長的狀況，是一種靈魂從肉體中脱離的「離魂病」。

另外，轆轤首之中還有一種脖子（包含頭部）從身體上脱離、來回飛舞的「斷頭」類型。事實上，作為轆轤首的原型，頭、身分離的轆轤首在中國的傳説中，是一種稱為「飛頭蠻」的妖怪。

妖怪 FILE 21

見越入道

妖怪檔案 見越入道

別名	次第高、高坊主等多種
出沒地點	日本全國
體型大小	數公尺
其他	出沒在夜晚的道路，或是斜坡的路口

令人必須仰視的巨大體型！
妖怪軍團中的父親角色

在夜晚的道路或是斜坡路口，以和尚型態出沒的妖怪。其特徵就是當然人類越往上看、它的身體就變得越來越大；另外也有像轆轤首一樣，伸長著脖子，從背後偷看嚇人的類型。它留下了許多「視線從見越入道的腳開始向頭上看去的話，就會被它吃掉」或「抬頭看它就會被咬斷喉嚨」這類令人不安恐懼的傳說。

雖然見越入道是這樣會奪取人命的可怕妖怪，但其實它也有弱點。據說只要唸出「看穿你了」、「看透你了」這類咒語，就能夠擊退見越入道順利離開。另外，視線從上往下斜睨，以冷靜的態度吞吐菸草或者做出以尺測量身高的動作等，似乎也相當有效。

在江戶時代的妖怪故事中，見越入道時常被描寫成妖怪們的父親角色；在各地的傳說中，其真面目是由妖狐、化狸、鼬、水獺等善於變化外型的動物所變化而成。

妖怪 FILE 22

〔古老傳承妖怪〕

鬼 I

妖怪檔案

鬼

別名
無

出沒地點
日本全國

體型大小
不明

其他
有些鬼是由人類變化而成

日本全國各地都有其傳說是恐怖事物的代表

日文中的鬼（オニ，o ni）是由「隱（おん，o nn）」這個字的發音演變而生的詞彙，原本指的是疾病這類對人類產生危害，但雙眼無法看見的東西，將之統稱為鬼。頭上有一對牛角、長相嚇人、身體肌肉賁張、腰上圍著一圈虎皮。直到江戶時代開始，鬼的外型才開始固定成現在大家所知的形象。

關於鬼的傳說遍布日本各地，其中以京都大江山的酒吞童子尤為出名。

妖怪FILE 23

〔古老傳承妖怪〕

Ⅱ

狐與狸

同為變身動物的代表 兩者是永遠的敵手

雖然它們同為變身動物的代表，但兩者的性格卻大不相同。相較於狐個性陰沉，狸則較為可愛，有時甚至被定位在令人無法討厭的形象。

據說狐與狸關係交惡，在新潟縣佐渡島上，傳說狐與狸針對島的支配權進行過大戰，結果狸獲得了勝利，從此以後，島上再也看不見狐的蹤影。在另一則傳說中，由於弘法大師驅逐了惡作劇的狐，所以四國就成了狸統治的土地。

妖怪檔案

狐與狸

別名
無

出沒地點
日本全國

體型大小
與狐、狸相同

其他
有時是信仰的對象

妖怪FILE 24

〔古老傳承妖怪〕

天狗

III

身具強大的神通力 日本自古流傳的大妖怪

紅色的臉上長著長長的鼻子、身穿山野修行僧服飾、腳上套著高齒木屐，這樣的天狗被稱為「鼻高天狗」。其他還有長著烏鴉般鳥喙與翅膀的「烏天狗」。無論哪一種，都是具有強大神通力的山中高實力妖怪，自古以來就受到人類的敬畏。

根據江戶時代的著作《天狗經》中記載，日本全國的天狗數量居然超過十二萬五千！其中京都的愛宕山及鞍馬山、東京的高尾山是最為知名的天狗棲息地。

妖怪檔案

天狗

別名
無

出沒地點
日本全國

體型大小
不明

其他
可自由翱翔於空中

妖怪 FILE 25

〔都市傳說妖怪〕

河童

I

妖怪檔案

河童

別名
數量繁多

出沒地點
日本全國

體型大小
與人類小孩差不多

其他
有100種以上的名稱

無論人氣還是種類變化都是當仁不讓第一名

自北海道至沖繩，在日本全國各地留下最多傳說的妖怪。在青森稱為「蛟」、近畿地方則叫做「河太郎」，地域不同稱呼也不同。另外，外型上有頭頂著小盤子的類型，也有像猿猴般全身長滿毛髮的類型，型態也是千奇百怪。只不過，在①喜歡相撲②喜歡小黃瓜等夏季蔬菜③喜歡人類的尻子玉（位於肛門裡的想像中內臟），這幾點嗜好上卻是大致相通。

妖怪 FILE 26

人面犬

II

妖怪檔案

人面犬

別名
無

出沒地點
日本全國

體型大小
與狗差不多

其他
奔跑速度快得嚇人

平成元年掀起一陣熱潮 實則江戶時代就已引發話題

自一九八九年開始，人面犬的謠言不斷擴大，之後還衍生出了人面魚、人面烏鴉等各式各樣的人面妖怪潮流。有著狗的身體，自脖子以上長著中年男子臉龐，見到人類時會丟下：「安心吧，不必緊張。」或：「什麼嘛，是人類啊！」這樣的台詞後自己跑掉。

江戶時代也曾出現過人面動物。文化七年（一八一〇年）的時候，就留下了人面犬進行雜耍而吸引了大批觀眾的記錄。

妖怪 FILE 27

〔都市傳說妖怪〕

裂嘴女

妖怪檔案

裂嘴女

別名

無

出沒地點

日本全國

體型大小

與人類女性差不多

其他

部分傳說認為裂嘴女為三姊妹

在日本引發騷動
戴著口罩的謎樣女性

從學校回家的路上，有戴著口罩的女性前來搭訕，問道：「我，漂亮嗎？」如果回答：「很漂亮唷！」這時對方就會邊說著：「這樣也漂亮嗎？」邊取下口罩，露出撕裂張大的嘴。

裂嘴女目擊消息最密集的時間是在一九七八年左右。當時各式各樣的流言滿天飛舞，例如其真面目是整形手術失敗的女性；裂嘴女跑一百公尺只要三秒鐘；大喊三次「波瑪─德」就可以擊退裂嘴女等等。

妖怪 FILE 28

〔都市傳說妖怪〕

IV

廁所裡的花子

妖怪檔案

廁所裡的花子

別名
無

出沒地點
日本全國

體型大小
不明

其他
只會發出聲音，看不到身影

耳熟能詳的學校怪談
從廁所中傳來的聲音

在棲息於學校的諸多妖怪中，廁所裡的花子可說是最出名的一位。

明明空無一人的廁所，只要敲敲廁間的門並呼喚「花子」，就會得到它的回應。這是至今仍流傳於全日本小學裡的怪談。

其實花子的故事早在昭和二十年左右就已經出現了，在岩手縣的小學傳說中，只要進入倒數第三間廁間，再喊一聲「第三間的花子」，就會從白色的便池中伸出一隻蒼白的手。

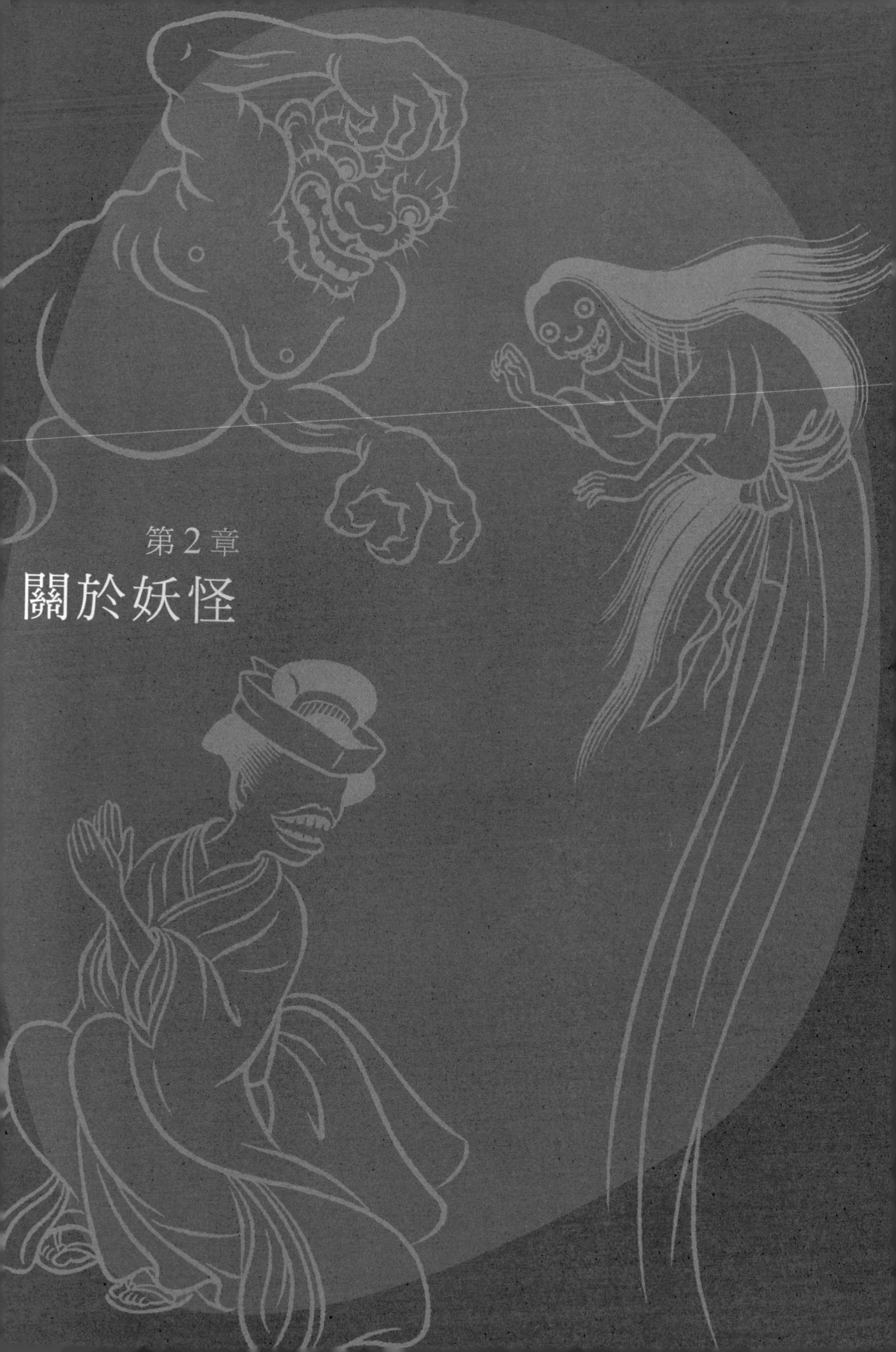

第2章

關於妖怪

妖怪是什麼？

了解了妖怪，就能夠了解人的恐懼之物、怨恨之物，以及憧憬之物。

妖怪誕生自人心

妖怪，可說是隨著一個文明或文化誕生初始即存在的東西。要問理由的話，那是因為，妖怪是人類在心懷恐懼或不安時所創造的產物。

以颱風為例，生活在現代社會的我們，由於對颱風的形成與原因有了一定程度的認識，因此不會將這個自然現象歸結於妖怪作祟；然而對於過去的人們而言，颱風卻是超出他們生活認知的一件事。在這個前提之下，就只能以「發生怪異現象」、「這肯定是某種非人類的東西所引發的狀況」這種解釋，在怪異現象與現實間取得折衷。然後，在怪異現象或呈現非人姿態的某種東西上，揮灑想像力創造出各種故事傳說。如此一來，妖怪就誕生了。

妖怪可分為以下三大種類：

1.親身體驗的怪異現象，如「在山裡看見了可疑的火焰」等，形成「**因事件、現象而存在的妖怪**」。

2.被認為是引發天然災害等人類不喜歡的狀況起因，就是「**本質存在的妖怪**」。

3.將1或2的妖怪在繪本等媒介中賦予具體形象，使之成為一個確實的角色，就是「**造型化的妖怪**」。

無論是1～3之間的哪一種，皆是誕生於人心的妖怪。換句話說，所謂的妖怪，**可以說是所有我們覺得「奇怪可疑」的事物現象**。正因如此，研究妖怪就等於研究日本文化，更進一步來說，就是研究人類本身了。

因事件、現象而存在的妖怪

夜間在山中或河川上響起的不明怪聲，被稱為「天狗倒」或「洗豆妖」。像這樣因為無法解釋而產生的恐懼、不安，或是神祕感中所誕生的妖怪，就是「因事件、現象存在的妖怪」了。而看見可疑的光線或燈光後突然視線模糊，或是感覺碰到了眼睛看不見的東西等，這一類奇異體驗也可歸類於「因事件、現象而存在的妖怪」。

本質存在的妖怪

自古以來，日本人認為每件事物中皆寄宿著靈魂（有靈存在），而疾病與天災等人類所不喜的狀況，則是「暴亂的靈」所造成的現象。這種「暴亂的靈」，換句話說就是「本質存在的妖怪」。舉凡鬼、大蛇、妖狐、天狗、土蜘蛛等，都可說是「本質存在妖怪」的代表

造型化的妖怪

塗壁在民間傳說中，指的是「突然間無法前進」的怪異現象，而為之賦予四角外形，並加上臉部及手腳的，是漫畫家水木茂。我們所熟知的「塗壁」這個角色，可以說是因水木先生而得以具體造型化的妖怪。

妖怪、幽靈、怪獸的特徵

妖怪	廣義而言，只要是人們覺得「奇怪可疑」的事物、現象，都可稱之為妖怪。會使人感到驚嚇、對人造成威脅。
幽靈	人死後對這個世界還留有依戀，無法前往另一個世界的靈魂，就是幽靈。由於是超越人類所知範圍的「奇怪可疑」事物，因此也可以稱為妖怪。
怪獸	與妖怪相比，怪獸的概念更接近於現代。但若從「奇怪可疑」的角度來看，則怪獸與幽靈一樣，都可分類到妖怪一族。

妖怪與幽靈、怪獸的差別

根據民俗學者柳田國男的定義，幽靈是「在特定時間，出現於特定的人面前」，妖怪則是「在特定場所，出現於非特定對象面前的東西」。然而由於在這個定義之下，不符合規則的特例幽靈與妖怪數量太多，因此後世的研究者針對分類條件進行修正，直接廢除分類區別的做法。怪獸正如同字面上的解釋，是「奇怪的野獸」。雖然與自古以來的妖怪之間有許多差異點，不過還是可以視為妖怪的同類。

哪些地方有妖怪？

山、海、河川這類充滿自然氣息的地方不必說，在人類聚居的鄉里與家中，也能看見妖怪的身影。

現身在空間與時間交界之處的妖怪

妖怪出沒的地點千奇百怪，但有些地方特別受到它們喜愛，那就是「境界」。所謂境界，指的是我們所生活的現實世界與妖怪棲息的異界，兩個世界的交接之處。境界可以說是我們所熟悉、了解的世界的「邊界」。

山、森林或海，都是境界的一種。即使以現代的科學眼光來看，大自然中還是有許多未知事物，更別說在科學還不發達的過去，這種未知就更顯得巨大了。換句話說，大自然本身就具有境界的特性，因此無論是山中、森林或是海中，看見妖怪的機率特別高，原因就在這裡。

另外，由於「境界」是自己所熟知的世界與不甚了解的世界接壤之處，從這個角度來看，村莊出入口處的橋梁或十字路口、家中出入口的門或玄關，也都可歸類為境界。

境界不只限於空間，時間中也有境界的存在。古時候的人們認為，太陽高掛天空的時候，這個世界屬於人類，而夜晚則是屬於魑魅魍魎橫行無忌的異世界。黃昏以及黎明，甚至是天氣急遽變化而天色變暗的時刻，往往最容易遇見妖怪出沒，因為這是從現實世界轉換到異世界的時段。而鬼出沒在節分之日（※譯註），也是因為這一天是季節與季節的「分界處」。

妖怪出沒的境界地帶，其實很令人意外地，就在你我的身邊。如果你有「一次也好，好想見見妖怪」的想法，就請特別留意空間與時間的境界，來探尋妖怪的蹤影吧。

※原指「各季節的分際」，江戶時代後特指立春的前一天。

山

日本自古以來，深山一直是人類忌諱而不敢擅入的地方。因為人們深信，在山中棲息著許多非人生物。

山中出現的妖怪們

- 山姥
- 雪女
- 天狗
- 妖狐
- 化狸 等

水邊

河川或沼澤上，有不少「看不見身影，只聽到聲響」這類傳說的妖怪。另外，海中妖怪的真面目，大多是死於海上的人們。

水邊出現的妖怪們

- 洗豆妖
- 河童
- 海坊主 等

住家村里

住家裡也有妖怪出沒。尤其是光線無法到達的黑暗角落，或是陰暗的廁所、濕答答的浴室等地方，據說都相當受到妖怪喜愛。

住家村里中出現的妖怪

- 滑瓢
- 二口女
- 座敷童子
- 反枕
- 垢嘗 等

其他

也有妖怪會現身在路上、坡道，或是山頂上。其中以夜晚這種人煙稀少的時段，最容易遇見妖怪。

其他地方出現的妖怪

- 齒黑女
- 豆腐小僧
- 撒砂婆婆
- 塗壁
- 野篦坊
- 轆轤首
- 見越入道 等

召喚妖怪的方法

最知名的妖怪召喚方法，就是江戶時代流行的「百物語」。首先，參加者聚集在房間中，點燃一百根蠟燭；接著，開始說妖怪相關的故事，每說完一則故事就吹熄一根蠟燭。等到說滿了一百則恐怖故事後，妖怪就會現身了。

江戶時代後期發行的《稻生物怪錄》中記載，進行了百物語的藩士稻生武太夫，就親身體驗過這種怪異現象。

妖怪的身影

在日本，有遠遠超過一千種以上的各式各樣妖怪們。其中大部分的妖怪，是透過妖怪圖畫才得以具有明確的身形。

絕大多數的妖怪沒有實際形體

妖怪的外貌型態非常多樣化，有的呈現人類姿態，有的呈現動物姿態，既有一眼就可以看出奇異之處的類型，也有像狐火或鬼火這樣看起來單純就只是火的類型。另外，在提燈或傘等器物上長出臉或手足的妖怪也不在少數；還有呈現植物或蟲類外形的妖怪。

當然，沒有實際形體的妖怪也是確實「存在」著的。不如說，雖然在民間傳說當中沒有確切說明它們的形狀樣貌，但因為它們有了名字，所以人們就能夠理解到它們的存在，而這類型的妖怪說不定才是佔妖怪中的最多數；洗豆妖和撒砂婆婆可說是這類型的典型例子。這兩種妖怪都是將「空無一人的地方傳出洗豆子的聲音」及「不知道從哪裡撒來了一把沙子」這類怪異現象賦予「洗豆妖」及「撒砂婆婆」名稱而成的妖怪，但事實上沒有人知道它們的長相。

像這樣原本只有名稱而沒有形體的妖怪，獲得確切形貌的契機，就是中世紀開始到近代陸續繪製的妖怪畫作了。繪師們參考人類或動植物的樣子描繪出原本沒有明確外貌的妖怪們，就使妖怪獲得了形貌。

順帶一提，中國及韓國幾乎沒有描繪妖怪的畫作，因此使妖怪造形化可說是日本特有的文化。而從這些傳統的土壤中，開出了今日妖怪熱潮的燦爛花朵。

人類身形

覺得好像是人，但其實是妖怪！有相當多這類的傳說

像雪女或山姥這樣，乍看之下讓人覺得是人類的妖怪還不少。轆轤首及見越入道如果在脖子不伸長、體型不變大的狀態下，與人類幾乎毫無二致。還有一些妖怪原本就是從人類變化而來，例如平安時代的才子菅原道真，也是在死後化為怨靈才引發了天地異變。

- 雪女　• 二口女　• 座敷童子
- 山姥　• 轆轤首　• 見越入道 等

火

佔怪異現象中的最大宗，無法以科學解釋的事件

有一種說法，認為「火」是在各種類妖怪中最龐大的一種。而事實上，與怪火現象有關的傳說的確多不可數。九州的八代海地區，在農曆八月一日以及沒有月亮的夜晚，據說都會在海上看見無數的火球飄盪。而認為被稱為「不知火」的怪異現象是一種海市蜃樓，也是相當有說服力的觀點。

- 狐火 等

器物

從廚房用具到寢具、樂器等各種器物變化而成的妖怪

由古老器物變化而成的妖怪，稱為「付喪神」。付喪代表著經過了「九十九」的漫長時間，只差一年就要達到百年的意思，指具有悠久年代歷史的器物。從琵琶、琴等樂器，到研磨碗、釜鍋等廚房工具，其形態種類非常多樣。

- 一反木棉 等

動物

以狸為狐……面對這些外型可愛的妖怪絕對不可以大意

以動物姿態為基本型態的妖怪也相當地多。像是妖狐、化狸、貉、貓又，都是其中最為出風頭的動物型態妖怪。順帶一提，因地域不同，有些地方會將狸與貉一概而論，曾出現過將狸記載為貉、將山貓記載為狸的案例。除此之外，還有像鵺這樣混合了數種動物型態的妖怪。

- 貓又　• 鵺
- 妖狐　• 化狸　• 蛇 等

妖怪之間的關係

相偕一起在街上閒晃、結婚、相互鬥爭……。
和人類一樣，妖怪們也有各式各樣的社交關係。

結婚組成隊伍 加強聯結妖怪間的關係

在妖怪繪畫當中，有一種主題是妖怪們半夜成群結隊在街上四處走動，稱為「百鬼夜行」。「妖怪們也會團體行動嗎？」或許有人會覺得不可思議，但在民間傳說裡，關於妖怪與妖怪之間的關係有不少的描寫。

舉例來說，從山陰到北九州的沿岸地區，就流傳著牛鬼與濡女結伴襲擊人類的故事。牛鬼是食人妖怪，頭部似牛而頸部以下似鬼或蜘蛛；濡女是抱著小孩的妖怪，若從濡女手上接過小孩，小孩就會越來越重、越來越重，直到使人無法動彈，這時牛鬼就會現身將人類吃掉。真是了不起的團隊合作。在江戶時代的讀物《黃表紙》中也出現過許多妖怪被拆散或結婚的故事。

另一方面，妖怪們也會相互爭鬥。

在從前的四國地區，有一種名為金長的狸，金長狸透過努力不輟的修煉獲得了強大的神通力。而得知了這個消息的四國化狸首領六右衛門，因為害怕金長狸威脅到自己的地位，於是派出刺客刺殺對方。結果，因為心腹的孩子被刺客所殺害，使得金長狸大為憤怒，於是金長與六右衛門全面開戰了。經過三天三夜的激烈戰鬥，金長雖然成功打敗了六右衛門，但卻因為在大戰中受傷過重不幸死亡。

這個流傳在德島縣小松市的傳說，影響了吉卜力工作室的《平成狸合戰》這部動畫。

妖怪們的盛大慶典

描繪妖怪半夜大肆遊行於道路上的《百鬼夜行》畫作，存世數量相當多。

妖怪們也有家人!?

在江戶時代大量出版的成人讀物《黃表紙》中，關於妖怪們的關係有著相當有趣的描述。在故事設定中，豆腐小僧的父親是與滑瓢同樣有妖怪首領之稱的見越入道，母親則是轆轤首。

作惡的妖怪們

**從單純喜歡嚇人的的妖怪，到會奪去人命的妖怪，
妖怪作惡的方式與內容不一而足。**

這就是各自發揮本領!?作惡的妖怪們

有會幫助人的善良妖怪，當然也有會惡作劇或做壞事的妖怪，而作惡的程度依妖怪而異。豆腐小僧和齒黑女這一類妖怪，基本上只是讓人類嚇一跳，而不會奪走人命，也不會帶給人巨大的恐怖感。

然而對於那些化為人形的妖怪，或許還是有加強注意的必要性。德島縣有一種名為吊蚊帳狸的妖怪，每到夜晚就會化為蚊帳，擋住行人的去路。遇到吊蚊帳狸的人無論再怎麼努力掀動，都會被下降的蚊帳罩住而無法前進。幸好這種妖怪有個有效應對方式，只要向丹田使力再一鼓作氣掀開蚊帳，在掀開第三十六面的時候就能從對角方向找到出口。雖然說沒有生命危險，但還是相當討人厭。

另外，遇見外貌端正美麗的人並與之相戀，結果卻發現對方是為了奪取人類性命而化成人形樣貌的妖怪，這樣的故事相當多。妖狐或蛇、蜘蛛大多會化為絕世美女、美男子。

在各種妖怪作惡行為中，情節最為嚴重的莫過於加害人類的妖怪。使人類生病、企圖吃掉人類的妖怪非常地多。除此之外，還有會附身在人類身上的妖怪。妖狐或犬神之類的妖怪附身於人的傳說，在日本各地皆可發現。被附身的人大多會失去自我意識，或是即使擁有自我意識也無法控制自己的行動，身體無法照自己的想法動作。

嚇人

為了驚嚇人類而現身

・豆腐小僧
・齒黑女
・撒砂婆婆
・野篦坊
・轆轤首
・見越入道 等

遇到人而靠近準備搭話，但對方卻半途露出真面目，使接近的人大吃一驚。像這樣，為了驚嚇人類而現身在人前的妖怪數量不少。只不過，即使像見越入道那樣基本上人畜無害的妖怪，卻也因地域差異而留下傷人、殺人的傳說，所以不能完全放心，請再三注意。

化成人

夢幻般的生活一夕破滅

・貓又
・妖狐
・化狸 等

化成人類外形是妖怪最得意的伎倆。有化為人形外貌後接近人類的妖怪，也有突然出現後阻擋路人前進、使人迷路的妖怪，還有蠱惑人心讓人失去理智的妖怪。明明自己應該是與美女或美男結為夫妻，過著令人豔羨的生活，但其實對方只是妖怪化成的人類外形罷了，等到神智清醒後，就會發現實際上身在骯髒的房屋地板之下。各地都有類似的傳說。

殺人、附身

請特別小心這些凶惡的妖怪

・雪女
・貓又
・一反木棉
・鵺
・見越入道
・鬼 等

除了對人類友好的妖怪，也有會奪取人命的危險妖怪。其中酒吞童子、玉藻前、崇德上皇的怨靈這三位，並稱為「日本三大惡妖怪」，奪取的人命不計其數。另外，妖怪附身於人類的例子也流傳於日本各地。被妖怪附身的家族稱為「附身妖怪家系」，受到他人恐懼。

驅退妖怪

妖怪也有弱點，吟唱咒語、丟擲它們厭惡的東西，就能擊退妖怪。在此為各位介紹。

只要記住它們的弱點妖怪就一點也不可怕!?

驅退妖怪的方法有很多種，其中最具代表性的，就是以弓或劍等武器將其打倒。平安時代震驚朝廷的大妖怪鵺就是被弓矢所射殺，而在日本神話中登場的巨大蛇妖八岐大蛇，就是被素盞嗚尊以劍斬殺而死。

依據妖怪的不同，有些可以使用咒語擊退。根據傳說，只要對見越入道說：「見越入道，我看穿你了！」「見越入道，我看透你了！」就能夠使之消失。

另外，在奈良縣若夜晚走在路上，從後方傳來有人跟在背後的腳步聲，大概就是名為「黏黏妖」的妖怪作祟；遇見這種妖怪的時候，只要站在路邊說出「黏黏妖，請你先走」的咒語，背後的腳步聲就會消失。

對著妖怪拿出它們討厭的東西，也是相當有效果的作法。節分時撒豆子、在玄關插上沙丁魚頭，只因為這些據信都是鬼所討厭的東西。如果面對的是狐和狸，據說只要讓它們聽見弓弦的聲音就可以了。如果手上沒有弓，將弦綁在竹子上後拉響，也能達到相同的效果。

河童討厭的東西有鹿角、猿猴、火、唾液等，據說尤其討厭鐵（金氣），據信河童絕對不會靠近門口懸吊有鐵製刀具的房子，或是前頭放置著鐮刀的船隻。

驅退妖怪的方法

VS 河童①

河童討厭的東西之一，就是給佛祖的供品。這裡指的是供奉在佛前的食物。據說只要吃下供奉過佛祖的食物，河童就不會近身，同時參加相撲比賽也一定會贏。

VS 河童②

墨，向來被認為具有驅邪的效果。只要將墨塗滿身體，在房間的四個角落放置墨壺，就可以避免河童的惡作劇。

VS 狸①、妖狐

遇見狸或狐的時候，在眉毛上抹唾液就可以阻止對方變化身形。因為這個典故，小心不讓自己被騙的行為也稱為「眉唾」。唾液對驅退河童與水蝹（出沒於鹿兒島縣奄美諸島的妖怪）都有效果。

VS 塗壁、撒砂婆婆、狸②

妖怪很討厭被人忽視。如果遇上了塗壁或撒砂婆婆，不慌不忙地裝做甚麼都不知道，就是最佳應對方式。若遇見的是化為棉襖或蚊帳阻礙行人前進的狸類妖怪，只要冷靜下來緩緩地抽一根菸，這些怪異現象就會自然而然消失了。如果一臉焦急地反抗，反而會落入妖怪們的障眼法裡，這點務必小心。

VS 嗚哇

真實面貌不明的妖怪。在某張妖怪圖畫上，長著一嘴黑牙的妖怪，呈現出兩手上揚、嘴巴大開的威嚇模樣。如果妖怪發出「嗚哇」的聲音，只要跟著回喊「嗚哇」就沒問題了。像這樣喊了它的名字後就消失的妖怪，數量還不少。

VS 加牟波理入道

加牟波理入道是在鳥山石燕的《今昔畫圖續百鬼》畫集中登場的廁所妖怪。只要喊出「加牟波理入道杜鵑」咒語就能夠成功避開對方。只不過在某些傳說當中，喊出這句話的同時也會招來災厄，因此在應對時必須小心謹慎。

VS 見越入道

能夠擊退見越入道的咒語有很多種，例如說出「我看著你喔」或「輸了，看穿了」這類意思的話，也可以使對方消失。不說咒語的話，從上而下地睥睨對方也能達到驅退的效果。

VS 木精

出沒於沖繩縣的古木妖怪。據說討厭章魚和熱熱的鍋蓋，只要丟出這兩樣東西，或是說出「我要扔章魚囉、我要扔熱鍋蓋囉」就能夠順利驅退木精。

妖怪與人類的婚姻

妖怪與人類也會相戀、結婚，甚至還有小孩誕生……。

傳說中的安倍晴明就是妖狐的孩子

人類以外的種族與人類結婚，稱為「異類婚姻」。在日本各地流傳的異類婚姻傳說當中，最廣為人知的，莫過於平安時代知名陰陽師安倍晴明的身世故事。

晴明的父親阿部保名在參拜過和泉國（現今的大阪府）的信太明神後，回程路上幫助了一尾小狐狸。小狐狸為了報恩，化身為美女出現在保名的身邊。兩人結為夫妻之後，終於生下一個男孩，就是安倍晴明。平安時代發行的《今昔古今物語集》裡也收錄了人類男性與妖狐結為夫妻的故事。

在人類男性與妖怪結婚的案例中，妖怪種類眾多，除了鶯、蛙、蛇等動物之外，還有被認為和二口女是同類妖怪的「不用吃飯的新娘」以及轆轤首。

當然，也有人類女性與妖怪結婚的案例。在這種狀況下，妖怪方大多是蛇類妖怪，只有少數極為罕見的傳說中，出現夫婿是鮭、猿猴、田螺的狀況。無論是哪一種，在異類婚姻中誕生的孩子通常會和安倍晴明一樣擁有一些特別能力，或是像是肌膚上有鱗片等，出現異於常人的地方。

相對於驅退妖怪的故事中總是否定、分化妖怪，異類婚姻的故事可說是表現妖怪與人類合作、互助關係的故事。

人類少女 ✕ 鮭

在岩手縣，有一位與鮭魚結婚的少女。這位少女在被鷲鳥抓走、跌落深淵的時候，受到一位老人家的幫助。之後，少女與有救命之恩的老人結為夫婦，但這位丈夫其實是鮭魚。因此，據說這位少女的子孫至今都堅持不吃鮭魚。

人類少女 ✕ 八岐大蛇

日本的三大惡妖怪之一、因室町時代開始到江戶初期發行的短篇集《御伽草子》而一舉成名的酒吞童子，據說就是人類少女與伊吹山大明神八岐大蛇的後代。另外還有一種說法，認為酒吞童子原本是生於越後國（現今的新潟縣）的漂亮孩童，對他愛慕成狂而死亡的少女們化為幽靈，這些少女幽靈的怨念導致酒吞童子變成鬼。

人類青年 ✕ 蛙

這是新潟縣的民間傳說。很久以前有一個男子，救了一隻快要被蛇吞掉的青蛙。在男子幫助了青蛙之後，青蛙就化成少女，與男子結婚了。

人類青年 ✕ 鶯

從前有一位青年，在從村子裡的相撲場回家路上遇見了可愛的少女，並與之結為夫妻。雖然妻子對丈夫說過：「你絕對不能去看倉庫。」但丈夫還是去看了倉庫。結果妻子就化為鶯飛走了。這是來自新潟縣的傳說。

妖怪報恩

有些正直有禮的妖怪，受到幫助後會銘記在心並回頭報恩。
幫助身陷困難的妖怪，說不定會有好事發生唷。

有的妖怪會以表演報恩 報恩方法千奇百怪

妖怪也有可能會對人類報恩。實際報恩的方法各式各樣，在「鶴的報恩」傳說當中，妖怪化為人類樣貌與恩人結為夫妻，並帶來許多金錢及糧食，像這種報恩的方法在傳說故事中相當多。另外，不與對方結成夫妻，而是日後送來金錢與食物並護佑村裡農作豐收的這種報恩法，日本各地也留下許多傳說。使人類生活變得富足快樂，可以說是妖怪報恩的一種典型作法。

接下來，為各位介紹「變身」這種從妖怪特有能力中演變而來的稀有報恩方法。

很久以前，某地的一對老夫婦養著一隻貓。貓在十三歲的時候，突然拜託老夫婦空下一段時間，牠說：「一直以來受你們照顧，我想送一些回禮給兩位。」聽了這段話，喜歡戲劇的老爺爺提出要求：「能不能演一段『忠臣藏』給我看呢？」幾日後，貓變身為演員、穿上華麗的衣裳，完美地表演了一齣忠臣藏戲碼。演出謝幕後，貓叫了三聲，從此消失無蹤。

日本全國各地都流傳著河童會因惡作劇道歉、或因人類施予援手而報恩，送給人類靈丹妙藥的傳說。新選組（※譯註）副長土方歲三出生的家中有一種名為「石田散藥」的藥方，就屬於這類傳說。傳說中河童帶著這個藥方來到歲三祖先的枕頭邊，在夢中傳授給他。據說歲三除了進行劍術修行之外，也會帶著這帖河童的妙藥四處行商。

※日本幕末時期一個親幕府的武士組織，主要在京都活動，負責維持當地治安。

蛙的報恩

這是愛媛縣的民間傳說。一位老人家救了被蛇盯上的青蛙，幾天之後，老人的女兒和一位男子相戀，同時生起了怪病。瀕臨死亡時來了一位行腳僧，對他說道：「要給你的女兒吃樹上鷲鳥的蛋。」其實女兒的戀人是一條蛇，在現出真面目爬上樹木的時候，被鷲鳥殺了。而行腳僧就是老人救助過的青蛙所化。

狸的報恩

鳥取縣流傳著狸報恩的故事。有隻狸因作惡被抓到，就在即將被殺掉的時候，一位老爺爺救了他。狸為了報恩，變身成黃金做成的茶釜。老爺爺把茶釜賣掉之後，變成了大富翁。

山犬的報恩

這是流傳於岐阜縣的傳說。有一個人救了嘴巴裡被獸骨刺傷的山犬，隔天早上，家門口就出現了一卷記載著醫術祕方的卷軸。這就是山犬的報恩。

狐的報恩

在宮城縣也有妖狐以變身能力進行報恩的傳說。有一位吹笛名手，名叫鯰江六太夫。只要六太夫在傍晚時分吹笛，一定會有一個小孩聞笛聲而來。其實這個小孩是妖狐所化。據說妖狐為了回報六太夫的笛音，為他表演了「源平合戰」的場景。

妖怪與神的差異處

妖怪與神並不是毫不相干，它們之間呈表裡關係。
既有妖怪化的神，也有神化的妖怪。

妖怪與神的差異處在於與人類相處的方式

自古以來，人類在遇見以現有知識無法理解的不可思議事物時，為了說明這些現象，而認定有超自然的力量存在。而這種超自然的力量，就是神或者是妖怪了。

那麼，神與妖怪的差異點究竟在哪裡呢？根據民俗學者柳田國男的定義：「妖怪就是墮落之後的神。」也就是說，水神墮落後成了河童、山神墮落後成了山姥。然而實際上不符合這個定義的神與妖怪數量太多，於是現在柳田國男的「妖怪＝墮落之神」的定義已經被否定。

那麼，讓我們試著從超自然存在與人類相處的方式這個角度來看。左圖中超自然存在分為「受人祭祀」與「不受人祭祀」兩種。前者大多數會帶給人類恩澤，因此被定義為神，受人崇敬祭祀；另一方面，後者只會為人類帶來災厄與不幸，因此被稱為妖怪。

換句話說，神與妖怪的差別，就在於是否受到人類祭祀。大日如來與天照大神雖然能夠為人類消除災害，但如果人類不再祭祀，祂們就會變成成妖怪；以無眼無鼻的臉驚嚇人類的野篦坊，也有可能因為替人類帶來幸福而受到祭祀，化身為神。妖怪與神之間，就是這樣的變化與區別。

另外，也有像附身於人的妖怪「犬神」這樣，對某一群人而言是神，對另一群人來說則是妖怪的狀況。神與妖怪的區別，會因為與人類之間的關係而持續產生變化。

神、妖怪、人類之間的關係概念圖

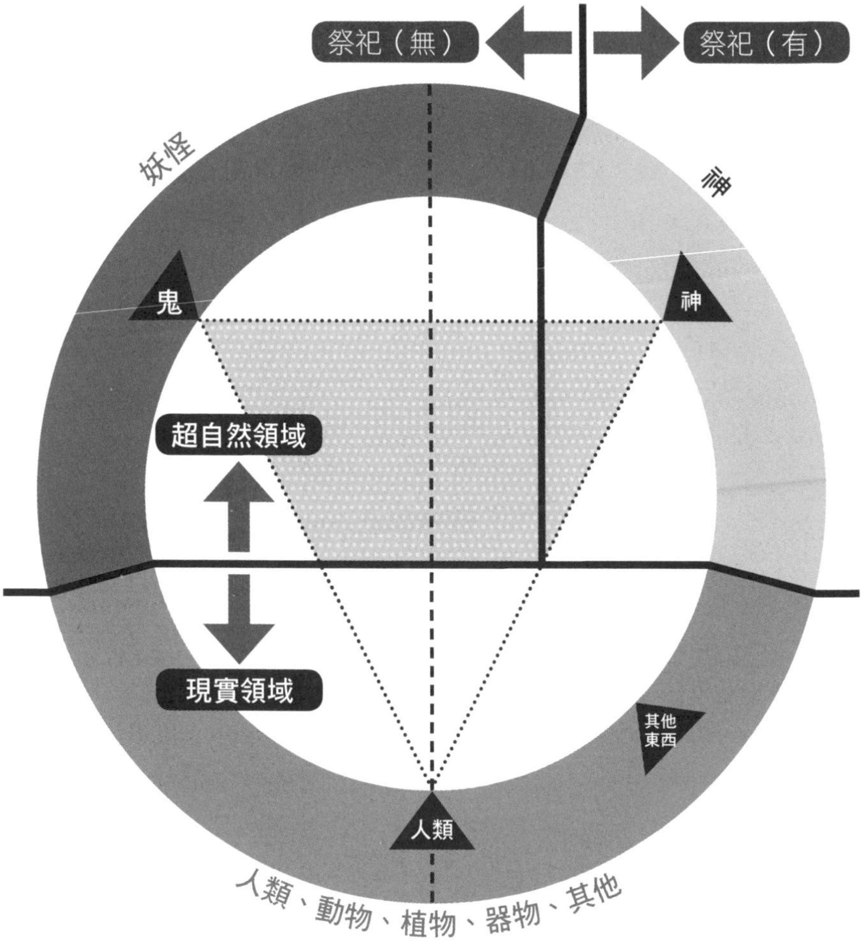

所謂的神，是人們進行祭祀的超自然存在對象；所謂妖怪，是人們不進行祭祀的超自然存在對象。也就是說，受到祭祀的「妖怪」就成為「神」，從另一種角度來看，也可以說不再受到祭祀的「神」就會變成「妖怪」。另外，由於日本歷史悠長，相信所有物品皆有靈存在的泛靈信仰深入人心。因此在日本，人們相信不僅是人類，動物、植物、器物、人工產物及其他所有事物現象等，都有化為神或是妖怪的可能。

※本圖的完成以作者提供之資料為基礎根據

日本傳統藝能與妖怪

值得自傲的傳統藝能就是各種妖怪的寶庫！
鬼女、化貓、妖狐們，無論到了什麼時代都能逗樂觀眾。

在傳統藝能中演出的妖怪們

無論是流行於室町時代的能樂，或是誕生於江戶時代的歌舞伎，都有著與妖怪相關的大量作品。

舉例來說，能樂的《鐵輪》中，就有鬼女登場。鬼女原本是人類女性，卻因為憎恨拋棄了自己的丈夫，在每日進行丑時參拜的時候受到神諭而成了鬼女，最後在安倍晴明的祈禱之下被驅退了。這則故事收錄在《平家物語》的異本中，是名為橋姬的鬼女故事的原始版本。

打破家傳寶物盤子而被殺害的女幽靈，夜復一夜以悲傷的聲音「一個、兩個、三個……」地數著盤子，最後發出一聲「真的少一個！」的嘆息。身為日本人想必都聽過這個故事吧。而這則有名的怪談，也成了人形淨琉璃（譯註※）的《播州皿屋敷》，以及歌舞伎的《皿屋敷化粧姿視》與《番町皿屋敷》劇目。

相信各位也知道，化貓也在傳統藝能中登場了，那就是歌舞伎的《花嵯峨貓魔稗史》劇目。故事敘述家養的貓咪為了消弭主人的仇恨而變為化貓，試圖對佐賀藩鍋島家復仇，結果卻被驅退而失敗了。事實上，這則故事的原型是江戶時代初期發生在佐賀藩家的騷動。演出當時，甚至因為遭受佐賀藩鍋島家的強烈抗議而暫停演出，將劇目撤下。妖怪們在傳統藝能中，是不可或缺的存在。

※一種日本傳統人偶戲。

能

《黑塚》

阿闍梨祐慶一行人來到陸奧國的安達之原（現今的福島縣二本松市）時，借宿於一間破舊房屋中。老婆婆將一行人迎入屋中時，祐慶他們在老婆婆的寢室看見了堆積如山的骸骨。原來老婆婆是傳說中棲息於安達之原的鬼婆。鬼婆雖然現出原形試圖襲擊祐慶一行人，但在他們拼命的抵抗之下被驅退了。

能

《殺生石》

僧人玄翁行經那須野（現今的栃木縣）的時候，在奪走附近居民性命的巨石「殺生石」之前遇見了一位美女，而這位美女，其實是名為「玉藻前」的妖狐的亡靈。原來玉藻前雖然化為美女、受到鳥羽上皇的寵愛，但本體卻被降伏而化為殺生石。聽了玉藻前之靈所說的話，玄翁對石頭進行了供養，於是妖狐得以現出身形，留下一句「這樣我就能解脫了」之後消失無蹤。

落語

《轆轤首》

單身漢松公與叔父商量自己想娶妻的事，於是叔父推薦了一位女性給他。據說還是一位大美女。只不過，這位美女有一項很大的缺點，每到夜晚她的脖子就會伸長，去舔提燈裡的燈油。松公經過慎重考慮後，認為「只要我晚上不睜開眼就可以了」決定與之結婚。然而好不容易到兩人結婚初夜，松公還來不及睡著，就親眼看見新娘的脖子逐漸變長。驚嚇不已的松公從房中奪門而出。

歌舞伎

《京鹿子娘道成寺》

很久以前，在紀伊國（現今的和歌山縣）的道成寺，清姬因為對戀人安珍的執念過深而化成了大蛇，將躲藏在釣鐘裡的安珍燒死。在那之後又過了數百年，在道成寺對新奉獻的釣鐘進行供奉時，當場出現一位女性並跳了一段美麗的舞蹈。其實她就是清姬的怨靈。女性只要進入道成寺的範圍之內就會化為大蛇，並奪走寺內的釣鐘。

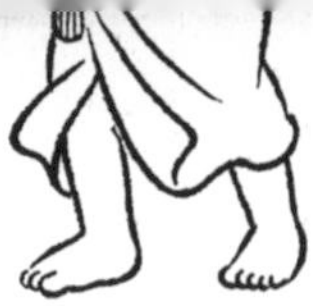

還有還有！這樣的妖怪們 1

其他在傳統藝能中活躍的妖怪們

除了 76～77 頁中提到的作品之外，還有許多有妖怪登場的傳統藝能作品。以**阿岩**聞名的**《東海道四谷怪談》**就是其中一。慘遭丈夫殺害的阿岩，死後化成幽靈對丈夫報仇的故事，是談到怪談故事必定出現的內容。歌舞伎和落語自不必說，到了現代這個故事也被多次改編為舞台劇與電影。

說到妻子被丈夫殺害而化為怨靈的故事，在歌舞伎的劇目中就有**《色彩間苅豆》**、**《伽羅先代荻》**與**《大角力藤戶源氏》**，另外，落語的**《真景累之淵》**劇目也相當有名。這些作品全部發行於元祿時代，是以**《死靈解脫物語聞書》**為基礎進行的創作。而這部原始作品，則是以發生在下總國（現今的茨城縣）的靈異現象為原型所作成，這是被丈夫殺害的妻子「**累**」化為怨靈，連續殺死丈夫續絃的故事。

除此之外，落語的**《牡丹燈籠》**和**《置行堀》**中也有妖怪登場。以妖怪為目標接觸認識傳統藝能，或許會是很有趣的方式。

在現代的動畫及漫畫中也擁有相當高的人氣！

雖然不屬於傳統藝能範疇，現代的小說或漫畫、動畫裡也可以看見妖怪們的身影。最好的例子莫過於**鎌鼬**。根據鳥山石燕的**《畫圖百鬼夜行》**，鎌鼬是兩手呈鐮刀狀的鼬類妖怪。在岐阜縣飛驒地區的傳說中，鎌鼬總是三隻一起行動。人類被鎌鼬切到不會流血，是因為第一隻鎌鼬將人擊倒、第二隻鎌鼬使風割傷人、第三隻鎌鼬則在傷口上塗抹藥物的緣故。

妖怪相關的作品當中，有不少像**獨眼小僧**這樣，以眼睛數目為特徵的妖怪。獨眼小僧是在日本全國各地皆有傳說的妖怪，外型變化多端，有時是僧人，有時又是老婆婆。另外，還有三隻眼睛的**三目入道**，以及百隻眼睛的**百目入道**，甚至是手上有無數眼睛的**百目鬼**等。

家鳴應該也是一種大家所熟知的妖怪。從前的人認為，在空無一物的房子裡突然出現嘎啦嘎啦聲響，就是家鳴在作怪。鳥山石燕的《畫圖百鬼夜行》裡，將家鳴描繪成小鬼的外貌。

第3章

日本全國妖怪地圖

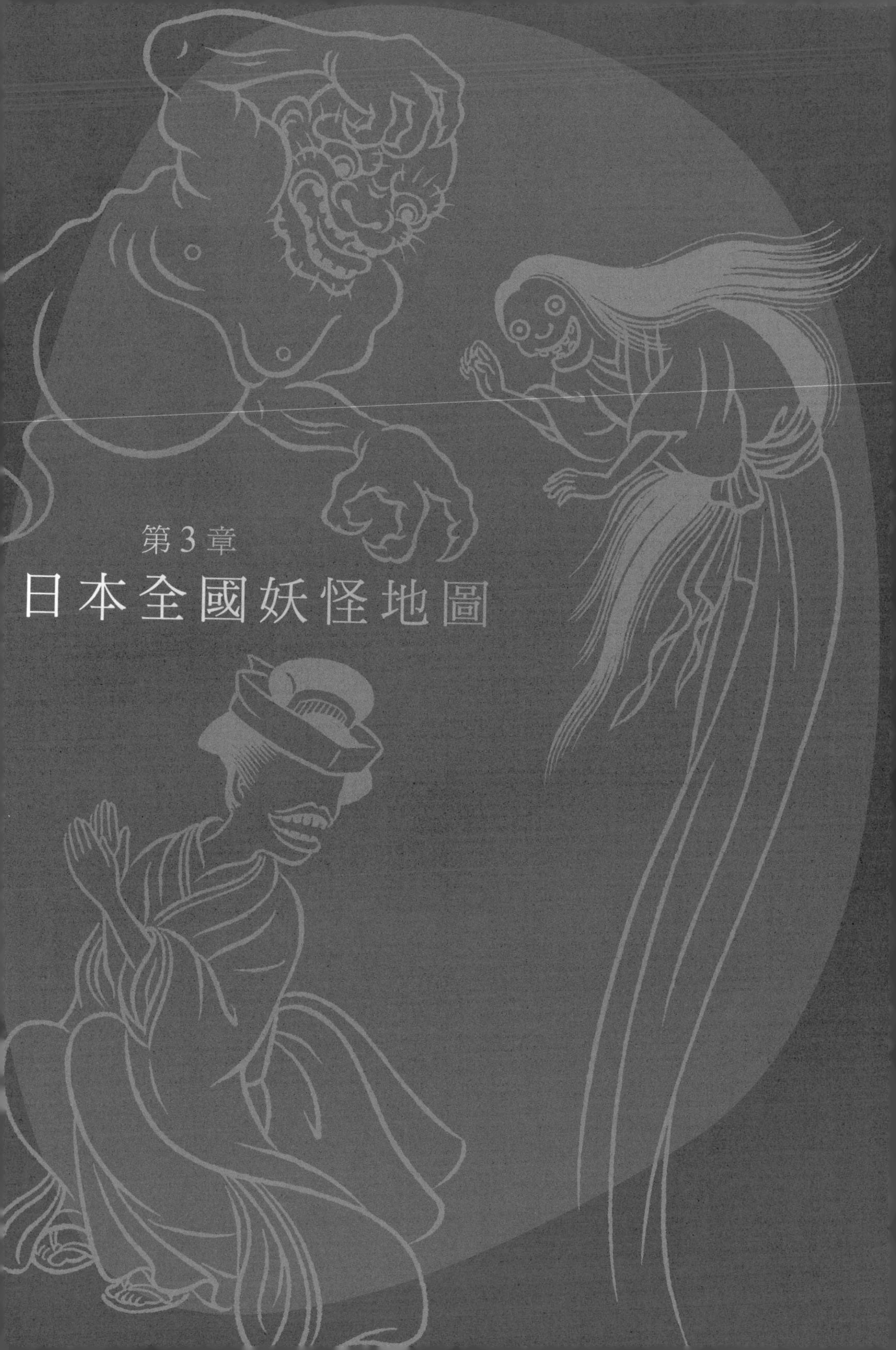

北海道、東北地區

體型嬌小，在一片蕗葉下可躲藏二、三個克魯波克魯。很討厭被人看見，但卻會將魚或鹿肉分給人類。有傳說認為它們是北海道的原住民。

妖怪 FILE 29

北海道

克魯波克魯

現身於北地 擁有多樣個性的妖怪們

自古以來，北海道及東北地方都距離朝廷與幕府相當遙遠，與當時政府核心所在地西日本或關東不同，直到今日都還流傳著著獨特的文化與風俗習慣。妖怪文化亦同，聚集了許許多多各種個性的妖怪們。

舉例來說，在北海道就有一種在愛奴語中有著「蕗下之人」意義，名為「克魯波克魯」的妖怪。正如同它的名字，它們的身材嬌小，能夠隱藏在蕗葉之下，其形象類似於西方的妖精。明治時代的人類學者們，甚至以克魯波克魯是否實際存在為題，反覆進行了非常盛大的討論。

而談到東北地方最有名的妖怪，則非座敷童子莫屬。座敷童子是一種留著齊瀏海娃娃頭、外形似小孩的妖怪，據說有座敷童子棲息的家會變得繁榮興盛。另外，雪女的傳說也相當

妖怪 FILE 30 嗚哇

青森

在多數畫像中，嗚哇被描繪成有著漆黑牙齒的鬼。潛伏在墓地或廢棄房屋中，只要有人路過就會發出「嗚哇」的叫聲，驚嚇人類。

多，可說是只要會下大雪的地方都有它的身影。

當然，也不可以忘了秋田名產「生剝鬼」。生剝鬼這個名稱的由來，是由於當懶惰鬼靠在地爐邊偷懶取暖，腳上就會被烤出火斑，而生剝鬼就會將這些紅斑連皮剝下來。每年的十二月三十一日，村中的青年們會扮成恐怖的生剝鬼挨家挨戶拜訪，這個景象就成了秋田男鹿半島的冬季特色詩篇。

其他還有被譽為「民間傳說的故鄉」岩手縣遠野市中出現的無人屋——迷家，以及被認為棲息在鳥海山的手長足長，還有出沒於宮城縣的柿子妖，至於福島則有安達之原的鬼婆等，眾多各具特色的妖怪們。

妖怪 FILE 31 生剝鬼

秋田

秋田縣男鹿半島的習俗，也是出沒在當地的一種鬼。「有沒有小孩在哭啊！」「好想剝下紅斑喔！」這樣叫喚著在各家之間巡迴。

妖怪 FILE 32 五德貓

秋田

尾巴分成兩股，屬於貓又的一個種類，頭上戴著五德（在地爐邊放置藥罐等器物的支架）。另有一說認為五德貓能夠點燃地爐中的火焰。

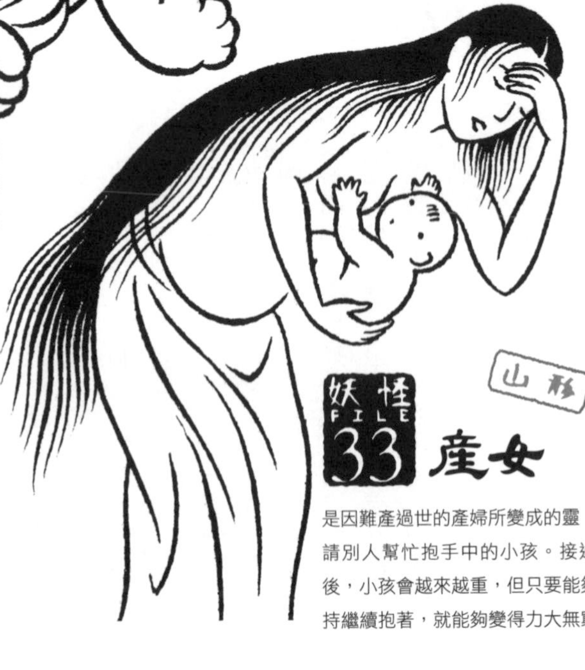

妖怪 FILE 33 產女

山形

是因難產過世的產婦所變成的靈，會請別人幫忙抱手中的小孩。接過來後，小孩會越來越重，但只要能夠堅持繼續抱著，就能夠變得力大無窮。

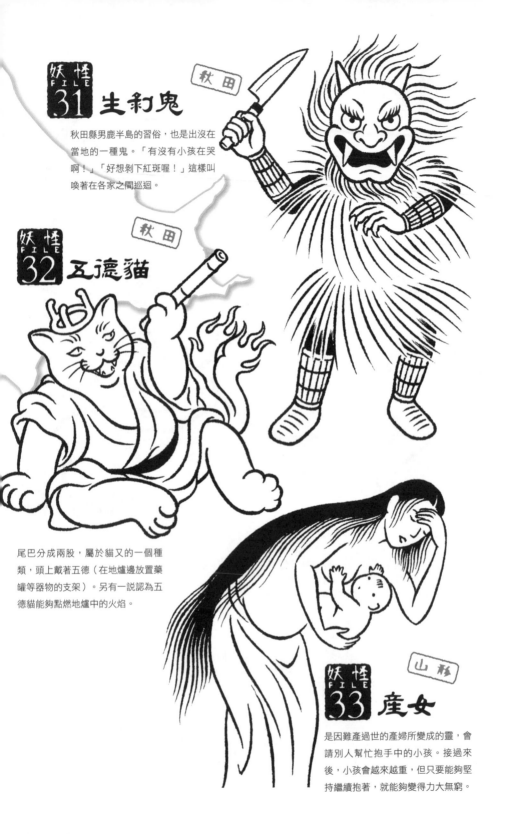

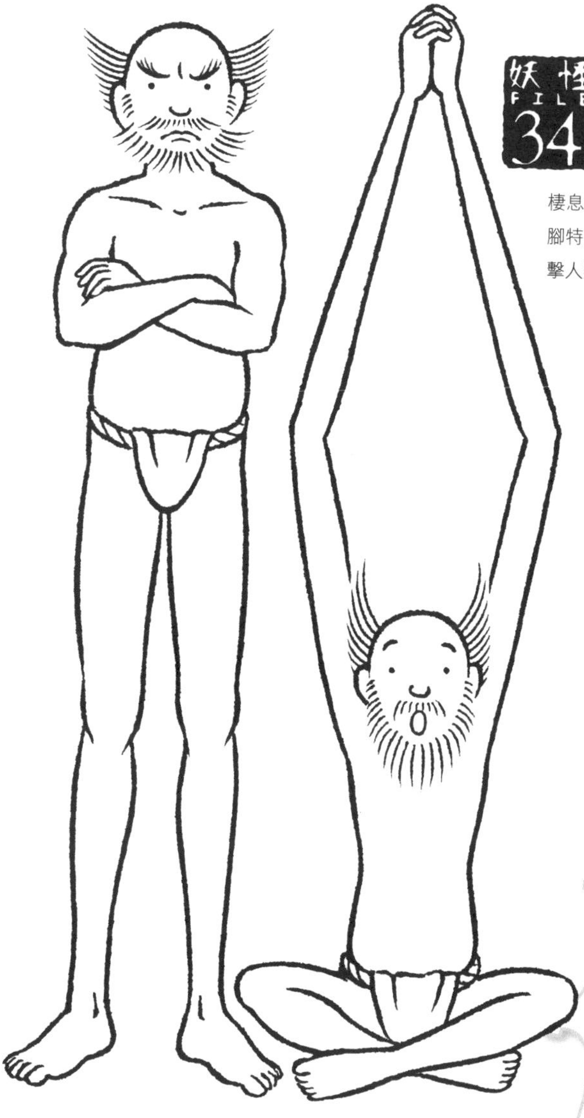

山形

妖怪FILE 34 手長足長

棲息於鳥海山，是手特別長的妖怪與腳特別長的妖怪。兩人一組不斷地襲擊人類作惡，但被慈覺大師擊退了。

山形

妖怪FILE 35 天邪鬼

喜歡與人類的想法作對，能夠察覺他人心中所想，以口技或模仿的方式嘲笑人類、使人發怒。大多以小鬼的外貌現身。

岩手

妖怪FILE 36 迷家

突然出現在山中的神奇房屋。只要能夠踏進這間房子，就可以帶走房子裡的任何東西。據説會因此獲得不可思議的好運。

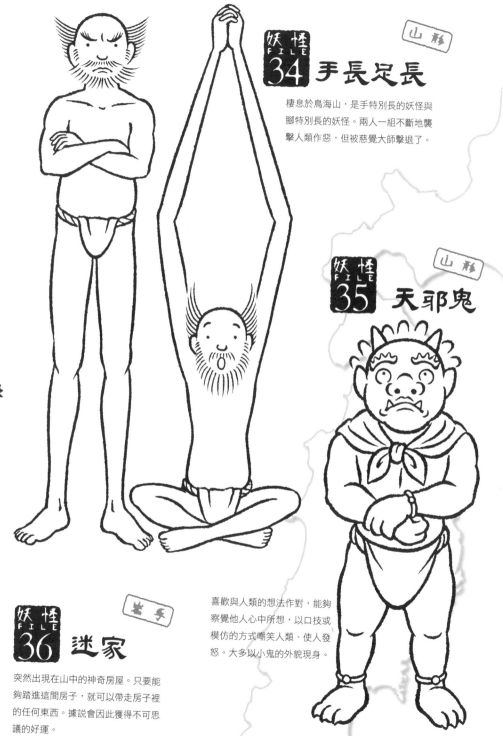

岩手

妖怪 FILE 37

船幽靈

遭遇海難而溺死的死者幽靈。會乘著沉沒的船現身，將人類搭乘的船弄沉後，使人類變成自己的夥伴，據說會向船上的人要求「借我杓子」。

宮城

妖怪 FILE 38

雨降小僧

被視為雨神的妖怪。傳說被妖狐請求「請讓雨降下來吧」的降雨小僧會揮動手上的提燈，這時就會下雨了。

妖怪 FILE 39

宮城

柿子妖

古老的柿子樹化身為高大僧人。成熟的柿子不加以摘取而一直留在樹上的話，據說就會變成這種妖怪。在東北還有其他的柿子妖怪傳說。

妖怪 FILE 40

宮城

否哉

小男孩在路上看見很像姊姊的背影，以為遇見姊姊就上前打招呼，結果對方回過頭來一看，是個滿臉皺紋的老爺爺。這種妖怪就稱為否哉。

福島

妖怪 FILE 41

朱盆

棲息於福島縣會津地區的妖怪。偽裝成人類的樣子，等對方安心之後，臉就會變成巨大的紅色盤子嚇唬人類。

福島

妖怪 FILE 42

安達之原的鬼婆

福島縣二本松市安達之原的妖怪。假裝親切收容前來借宿的旅人，接著把他們殺了吃掉。某些傳說中鬼婆還會切開孕婦的肚子，吃掉腹中的胎兒。

生活在大都市中的並不只有人類!?

　首都東京所在的關東地區，是日本的政治、經濟以及文化中心，這裡生活著全日本三分之一的人口。而潛伏於這個大都市的妖怪之中，最為知名的就是九尾狐。

　在印度、中國的傳說中，九尾狐會變身成美豔女子以接近掌權者，是企圖使國家滅亡的大妖怪。在日本，九尾狐則以「玉藻前」這個名字，集鳥羽上皇所有的寵愛於一身。最後，雖然玉藻前因為真實身分被識破而遭到降伏，卻在死後因怨念化為石頭，而成了位於栃木縣那須郡那須町的「殺生石」。玉藻前與殺生石的傳說，也是能樂劇目之一。

　若以知名度的角度來看，群馬縣茂林寺的茶釜也不落人後。從前，茂林寺有一位名為守鶴的和尚，據說這位和尚用心愛的茶釜所

東京

妖怪 FILE 43 髮切

剪斷人類頭髮的妖怪。被剪頭髮的人甚至不知道什麼時候頭髮被剪斷了。主要出沒在以東京都為中心的關東地區以及三重縣。

煮出來的茶水，不管倒幾杯都不會倒空。事實上，據說這位守鶴和尚本身就是狸所化成，於是從這個傳說裡，進一步衍生出狸變身成茶釜，最後形成知名的「文福茶釜」的故事。至於和尚心愛的那個茶釜，之前也曾經公開展示。

東京的前身——江戶，也是妖怪的寶庫。尤其是本所（現今的東京都墨田區）附近，更是接二連三發生怪異事件，每每驚嚇江戶人。這些怪異的事物現象被稱為「本所七大不可思議」，落語及文藝創作也常以此為題材。

當然，除了東京之外的關東各縣也都有妖怪棲息。關東地區多的不只有人，還有各式各樣的妖怪們。

群馬

妖怪 FILE 44 茂林寺之釜

化狸為了報恩，變身成茶釜，這就是知名「文福茶釜」故事中的茶釜。事實上，據說妖怪並不是茶釜本身，而是擁有這個茶釜的主人

妖怪FILE 45 天井嘗

伸出長舌頭舔天花板的妖怪。在群馬縣的舘林城流傳著它出沒的故事。據說城中曾有家臣抓住天井嘗，讓它把城裡的蜘蛛網全部清除了。

妖怪FILE 46 日和坊

居住於茨城縣深山的妖怪。傳說中下雨天時它的身影會消失無蹤，等天放晴了就會再次現身。也有一說，認為日和坊是晴天娃娃的起源。

妖怪FILE 47 九尾狐

自中國傳來，試圖成為傾國美女卻傾國失敗的妖怪。死在被降伏的時候，但其怨念不散，化為「殺生石」。

千葉

妖怪FILE 48 手長婆

手臂很長、留著一頭白髮，外貌相當嚇人的老婆婆妖怪。棲息在水底，會從水裡伸出長長的手，引誘水邊遊玩的小孩進水裡。

妖怪FILE 49 淫部秋

埼玉

出沒於崎玉縣秩父地區，是依附在家中、令人恐懼的小蛇。能夠看透那家主人的想法，並以此採取行動，據信會殺死主人所討厭的人。

妖怪FILE 50 伊口

茨城

茨城縣外海據說就有伊口出沒。伊口的外貌似巨大鰻魚，會把纏住的船隻弄沉。

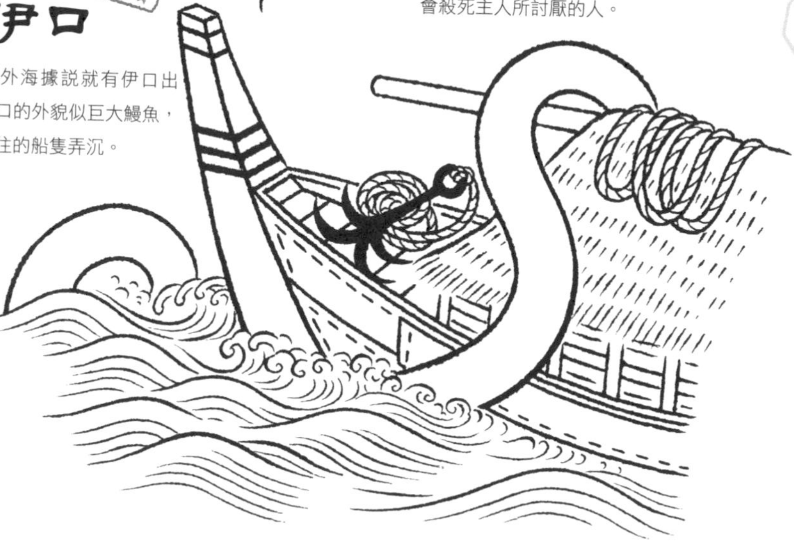

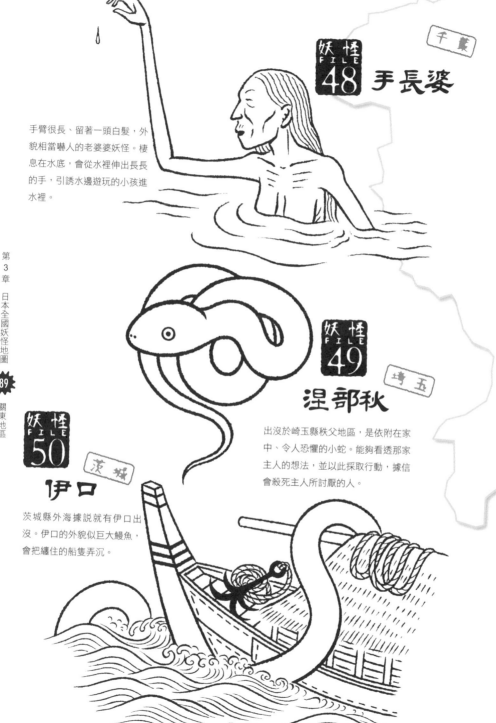

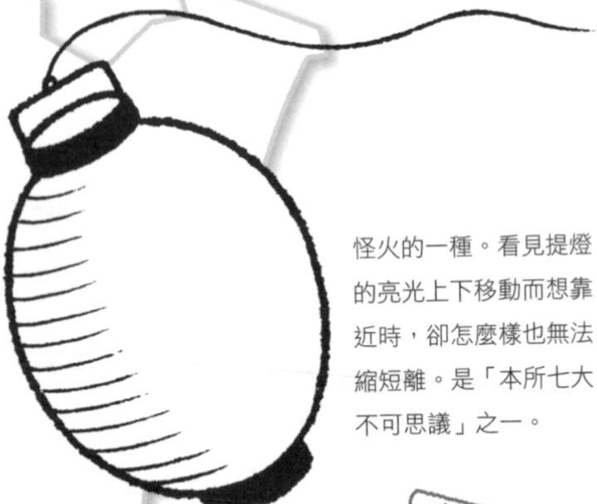

怪火的一種。看見提燈的亮光上下移動而想靠近時，卻怎麼樣也無法縮短離。是「本所七大不可思議」之一。

東京

妖怪FILE 51 送行提燈

東京

妖怪FILE 52 小袖之手

從小袖（袖口狹窄的和服）裡伸出女性手掌的怪異現象。鳥山石燕將之解釋為遊女的怨念。

妖怪FILE 53

東京

長乳婆

又名貼即或添即（音譯）。居住於八丈島的女性妖怪。全身長滿瘡斑，乳房像和服的衣袖綁帶（襷）般掛在雙肩上。同時有助人親切的一面。

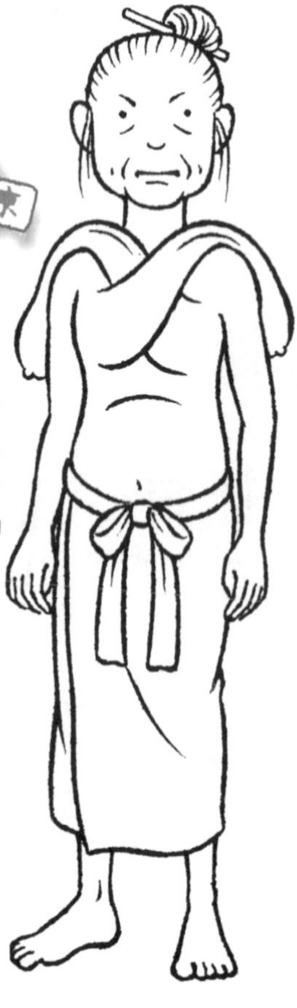

妖怪FILE 54

東京

足洗邸

「本所七大不可思議」其中之一。傳說在某間旗本武士的房屋裡，夜晚時從天花板出現帶著泥土的骯髒大腳，要人「洗乾淨」。

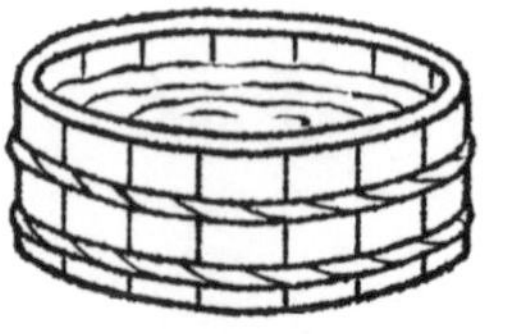

東京

妖怪FILE 55 篠崎狐

江戶時代居住在篠崎村（現今的東京都江戶區）的四隻妖狐。凡是白天打擾它們睡眠的人，據說會受到相當狠辣的報復。

神奈川

妖怪FILE 56 土用坊主

居住在神奈川縣青根村（現今的津久井町）的妖怪。傳說在土用期間（※譯註）翻動土地的話，就會挖到土用坊主的頭，所以必須停止田間以及庭院中的動土工作。

※土用期間：立春、立夏、立秋、立冬前十八天開始，到四立為止的期間。

神奈川

妖怪FILE 57 舞首

在神奈川縣真鶴町留有傳說的妖怪。某日，三個惡人喝得醉醺醺，互相將對方的頭砍了下來。之後掉落的人頭合成一體，繼續著它們的爭執。

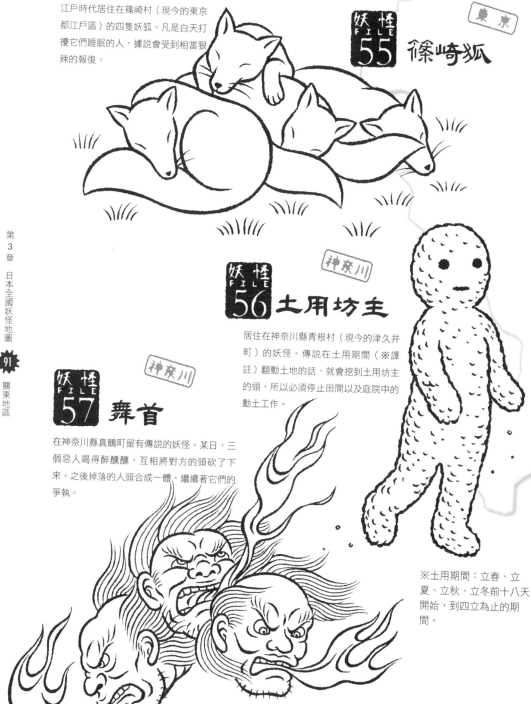

中部、東海地區

妖怪FILE 58 覺

山

有閱讀人心能力的妖怪。多以巨大猿猴或狒狒的形象呈現。能夠一次又一次地說出人心中所想，有些覺據說會在人類吃驚呆愣的時候將對方吃掉。

日本與山有關的怪事數一數二地豐富精采

位於本州中央地帶的中部地區，擁有被稱為「日本屋脊」的日本阿爾卑斯山脈，以及被譽為靈峰的富士山。或許就是因為這樣，這個地區出現的山中妖怪特別地多，其中最具代表性的，應該就是傳說中棲息於山林的覺了。「覺」這個名字，來自這種妖怪能夠讀取人類心中想法的察覺能力。據說覺會將人類心中的想法一次又一次地正確說出來，以觀看對方吃驚呆滯的表情為樂。在某則傳說中，一位樵夫在山裡砍柴時遇見了覺，樵夫無視對方繼續工作，結果當一片木片意外飛出去砸到覺的時候，覺說了一句：「人類總是做一些讓人看不懂的事」就逃跑了。

靜岡縣掛川市，一個名為小夜之中山的山頂上，有一顆不可思議的石頭。從前，一位獨自行走的

妖怪 FILE 59

福井

若狹國人魚

福井縣曾經捕獲過這種頭部似人的珍貴魚類。傳說名為八百比丘尼的超長壽比丘尼，就是在少女時期吃了這種人魚的肉，才會變得不老不死。

孕婦在爬過山頂的途中遭到山賊殺害，孕婦雖然當場死亡，但因為放不下從腹部切口來到這個世界的孩子，於是魂魄轉移到一旁的石頭中不停哭泣。這顆石頭被稱為「小夜之中山的夜啼石」，成為遠州七大不可思議傳說之一。而這位孕婦的小孩，則被注意到夜啼石哭聲的和尚收養並養育成人，之後，長大成人的孩子據說順利報了殺母之仇。

戰國時代群雄割據的這塊土地，也有一些這個地方才有的妖怪。在愛知縣的傳說中，有一種名為憑虎狐，附身在人身上的妖怪。據說憑虎狐在觀賞織田信長、德川家康聯軍與武田勝賴軍對陣的長篠之戰時，被流彈擊中而失去左眼。

在中部、東海地區，還有更多與這塊土地緊密相連的妖怪們。

妖怪 FILE 60

長野

槌轉

水木茂的《妖怪地圖》一書中，描述當旅人行經山頂的時候，會突然出現一個外型像稻草槌的東西從後方追趕嚇人。

妖怪 FILE 61

石川

剝斑鬼

這是出現在能登半島，會剝取人類身上火斑的妖怪。在祭典上，小孩會戴上天狗、鬼、猿猴等面具扮成剝斑鬼，於家家戶戶之間來回。

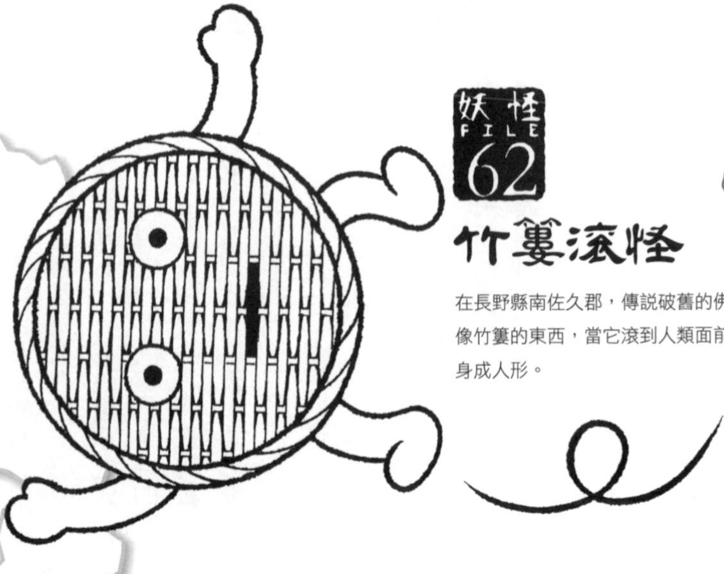

妖怪 FILE 62

長野

竹簍滾怪

在長野縣南佐久郡，傳說破舊的佛堂裡會滾過像竹簍的東西，當它滾到人類面前時，就會化身成人形。

富山

妖怪FILE 63 引魂蛤蟆

有人過世的家裡，引魂蛤蟆會附在靈堂裡垂掛著的草蓆上。臉部似人，有著四隻腳，體型約青蛙大小。主要出沒於富山縣。

石川

妖怪FILE 64 大首

巨大的頭顱妖怪。臉部大多為女性。江戶時代的隨筆集或怪談集中，記載了許多看見大首的目擊故事。

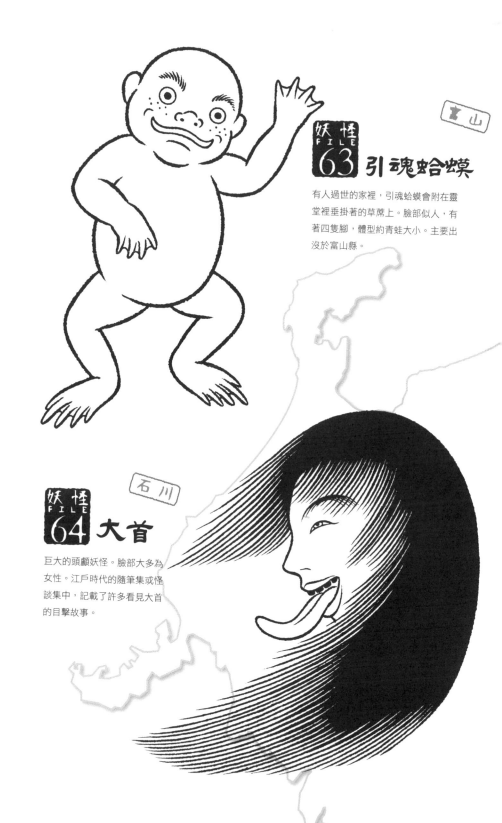

岐阜

妖怪 FILE 65 川男

河川妖怪。身高很高，膚色黝黑。在岐阜縣，流傳著當人們夜裡到河川捕魚，就會看見兩個川男並肩說著故事的傳說。

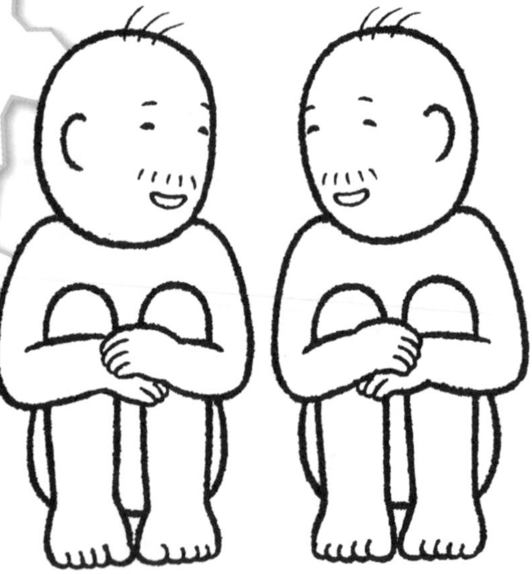

福井

妖怪 FILE 66 蓑火

在日本全國各地皆有傳說的怪火。下雨的夜晚帶著蓑衣或傘出門時，衣服上就會如螢火蟲般起火，如果試圖撲滅則火會變得更多。也叫做蓑蟲。

愛知

妖怪 FILE 67 憑虎狐

憑依附身到人類身上的妖狐。被憑虎狐附身的人，左眼會流出眼屎，同時左腳發痛。有時會藉著被附身者之口，述說長篠之戰或自己經歷過的事情。

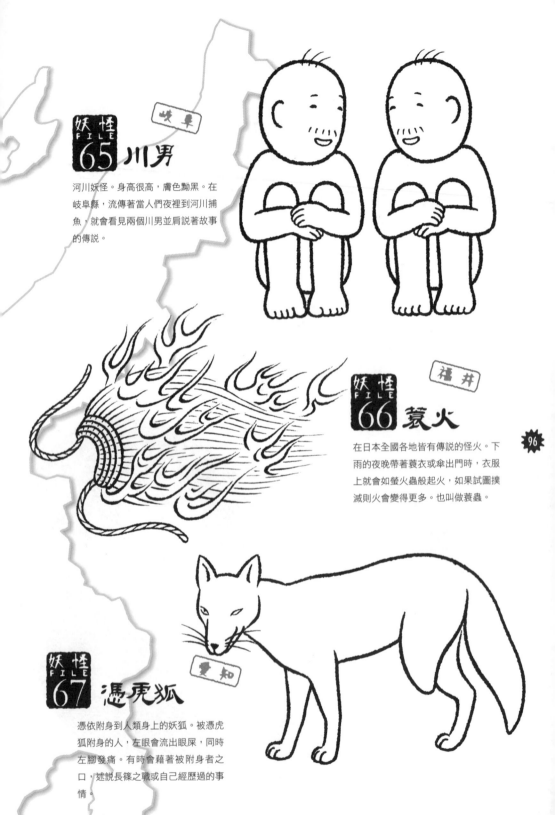

山梨

妖怪FILE 68 蟹坊主

據說在山梨縣的長源寺，有一個會襲擊寺中僧侶的螃蟹妖怪。當行腳僧降伏它的時候，留下了有足足四平方公尺大的甲殼。

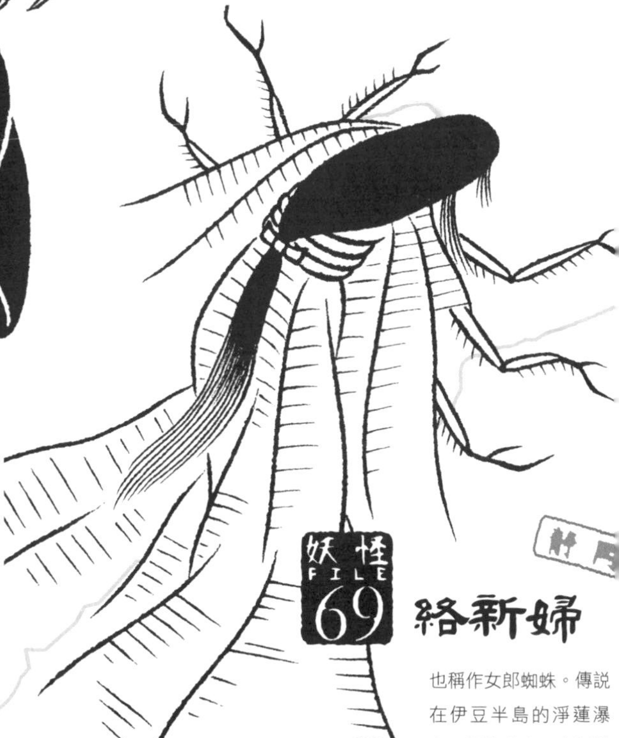

静岡

妖怪FILE 69 絡新婦

也稱作女郎蜘蛛。傳說在伊豆半島的淨蓮瀑布，居住著白天會以美女之姿現身的絡新婦。

妖怪FILE 70 夜啼石

静岡

被殺害的孕婦之魂轉移到石頭上，每當夜晚就會發出哭泣聲。像這樣在晚上發出哭泣聲或呻吟聲的石頭妖怪傳說，全日本各地皆有。

近畿、關西地區

在傳統藝能中登場過的經典等級妖怪

近畿、關西地區，是自古以來日本的政治、文化中心。這裡有曾被設為首都的奈良、京都，還有江戶時代以商業都市走向繁榮、被譽為「天下廚房」的大阪。正是這樣擁有悠久歷史的地區，連妖怪都是經典等級。其中，在第2章也介紹過的傳說之鬼——酒吞童子、妖狐葛葉，以及棲息在葛城山附近的土蜘蛛等尤其出名，無論在繪卷、物語集或是傳統藝能題材中都能夠看見它們的身影。

與寺院、僧侶相關的妖怪也數量眾多。平安時代，三井寺（現今的圓城寺）有一位名叫賴豪阿闍梨的僧人。某日，賴豪受天皇所託要為皇子誕生祈禱。「如果成功使皇子平安出生，你可以要求任何報酬」。天皇這麼說道，在賴豪相信天皇的承諾，使盡全力量進行祈

滋賀

妖怪 FILE 71 鐵鼠

由平安時代高僧賴豪阿闍梨的怨念變化而成。鐵鼠們有著鐵牙與石體。栃木縣也有賴豪的傳說。

禱的同時，皇子誕生了。做為報酬，賴豪希望在三井寺建立一座戒壇院（戒是身為僧侶的證明，戒壇院是受戒之處）。

然而比叡山延曆寺已經有了一座戒壇院，而天皇畏懼於延曆寺所施加的壓力，拒絕了賴豪的請求。憤怒發狂的賴豪經過一百天的絕食，在不甘中死去，其怨靈化為鐵鼠妖怪，總數八萬四千隻的老鼠集體攻擊了延曆寺。至今在比叡山山腳下還有一座延曆寺僧侶為祭祀賴豪而建的「鼠之秀倉」；而另一方面，三井寺建立的則是「鼠之宮」，祭祀襲擊延曆寺的鐵鼠之靈。了解近畿、關西地區的妖怪們，就等於了解了這個地區的歷史文化。

滋賀

妖怪FILE 72 油坊

這是流傳在滋賀縣，出現在夏季夜晚的火球。據傳是由盜油罪人的魂魄所化。在火焰之中有僧人的形體，故而命名油坊。

京都

妖怪 FILE 73

片輪車

出現在夜晚的車妖怪。有一位女子坐在被火焰包圍、只有一個輪子的車上的版本，也有牛車車輪中間長著一張可怕男子臉的版本。

京都

妖怪 FILE 74

酒呑童子

以京都大江山一帶為根據地的鬼之首領。根據傳說，它的身高有六公尺以上，長著五隻角，共有十五隻眼睛。

京都

妖怪 FILE 75

掌中目

很久很久以前，曾經在京都墓場現身的巨大老人，身高有二公尺以上。據說掌中目那張疲累乾皺的臉上沒有眼睛，取而代之的是雙手手心中長著眼睛。

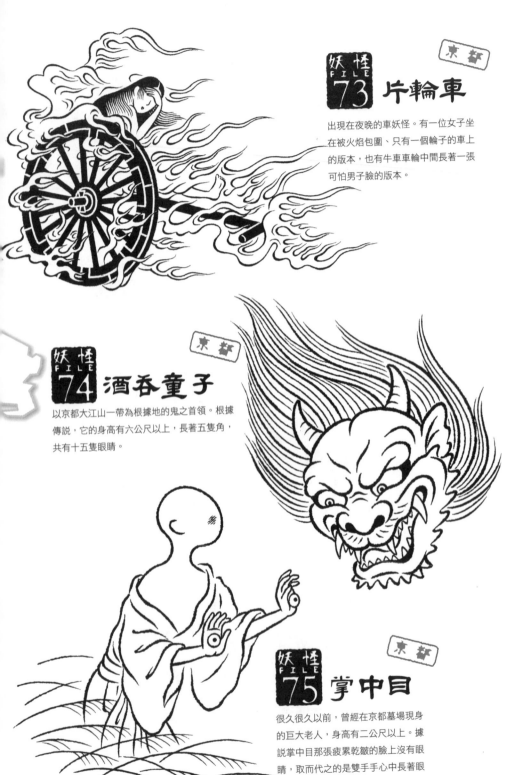

京都

妖怪FILE 76 陰摩羅鬼

從新鮮屍體的氣裡誕生的妖怪。有著與鷺相似的外形，顏色漆黑，眼睛粲然發亮，據說鳴叫聲與人類聲音相似。

大阪

妖怪FILE 77 土蜘蛛

會吃人的巨大蜘蛛妖怪。在《平家物語》中形容它身長有一公尺以上。與酒吞童子一樣，被平安時代的武將源賴光所降伏。

大阪

妖怪FILE 78 葛葉

流傳於大阪信太森神社的妖狐。化為美女與阿倍保名結為夫妻，並生下一個男孩。男孩即為日後的安倍晴明。

妖怪 FILE 79

元興寺

奈良

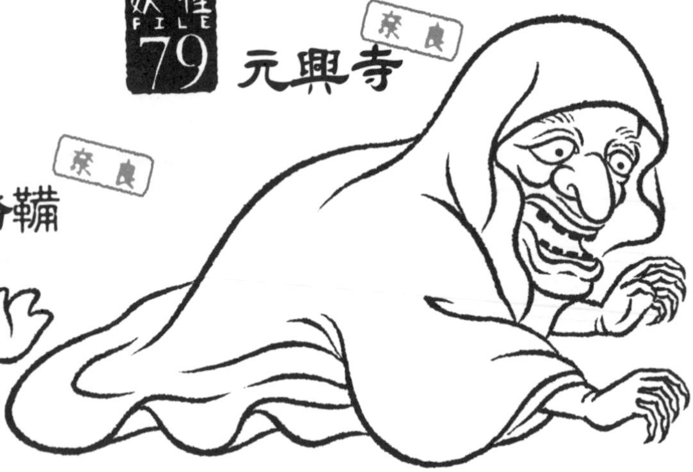

出現在奈良縣元興寺的鐘樓的鬼。江戶時代斥罵孩童的時候，常常會以「元興寺要來了喔」恐嚇。

妖怪 FILE 80

一本踏鞴

奈良

現身於紀伊半島的山裡，只有一隻眼睛與一條腿的妖怪。在這個地方，將十二月二十日稱為「決定性的二十日」，若是在這天遇見一本踏鞴就會被視為厄運之日。

妖怪 FILE 81

黏黏妖

奈良

走在夜晚的道路上，從後面傳來不知道是誰的腳步聲。然而回頭一看，卻是空無一人。這種怪談就稱為黏黏妖。

妖怪 FILE 82

嘎相波

和歌山

和歌山縣熊野地區流傳的傳說，是棲息於山裡的妖怪。據說是河童的一種，身穿藍色衣服，留著芥子坊主頭，呈小孩外形。

兵庫

妖怪FILE 83 釣瓶妖

夜晚，路過人煙稀少的地方時，從樹上掉下人頭或水井的打水木桶，使人大吃一驚。也有釣瓶妖會將人釣起來後吃掉的傳說。

三重

妖怪FILE 84 一目連

主要出沒於三重縣的暴風之神。據信在發生水災等天然災害時，會忽然出現拯救災民。同縣還有祀奉一目連的神社。

兵庫

妖怪FILE 85 長壁姫

據傳是居住在姬路城天守閣上的女神。每年只會在城主面前單獨現身一次，告知今後城的命運。又稱為刑部、小刑部。

中國、四國地區

妖怪 FILE 86 八岐大蛇

大蛇妖怪。素盞嗚尊降伏八岐大蛇之後，從被切斷的尾巴裡出現了三神器之一的草薙劍。

從八岐大蛇到化狸知名妖怪大集合！

環繞瀨戶內海兩側的中國、四國地區中，古文化發源最早的，是接近中國大陸一側的山陰地區（中國山地的北側）。

在《古事記》與《日本書紀》中登場的八岐大蛇，可視為是山陰地區古文化的象徵。八岐大蛇是在同一個身體上長有八顆頭顱、八條尾巴，全身長度超過八座山峰加八個山谷的怪物。眼睛赤紅如鬼燈球，腹部常年滴著血。

它每年會出現在出雲之國（現今的島根縣）一次，掠奪少女並吃掉。但後來被下凡到出雲的素盞嗚尊驅退了。

四國地區還有許多化狸的傳說。第2章中介紹過的，流傳在德島縣小松島市的金長狸與六右衛門就是其代表。以金長狸與六右衛門的對抗爭鬥傳說為原型製作而成的

妖怪 FILE 87 歐托羅希

鳥取

有著糾結亂髮與淩亂獠牙的妖怪。真實面貌不明，如果有人在神社惡作劇，歐托羅希就會從上方突然落下，使人嚇一大跳。

《阿波狸大合戰》相當受到歡迎，對吉卜力工作室出品的動畫《平成狸合戰》也造成相當的影響。另外，香川縣高松市的屋島禿狸也十分有名，可說是名列日本三大名狸之一。

那麼，為什麼四國地區會有這麼多關於化狸的故事呢？這肯定是因為四國有著「弘法大師將欺騙人類的妖狐從四國驅逐後，四國從此就成為化狸的天下」這樣的傳說。

除此之外，水木茂的原作漫畫與動畫《鬼太郎》裡，其中一個主要角色兒啼爺就是來自四國。來到中國、四國地區，怎麼可以缺了妖怪相關的話題呢？

妖怪 FILE 88

岡山

脛擦

下雨的日子走在路上，就會遇到以幼犬型態出現的脛擦，從行人的腳邊貼著擦過、妨礙行走。在岡山留有許多傳說。

妖怪 FILE 89

比婆山

昭和四十年代，在廣島比婆山附近被人發現的妖怪。據說身高與人類差不多，臉呈倒三角形，雙眼目光銳利，全身覆蓋毛髮。

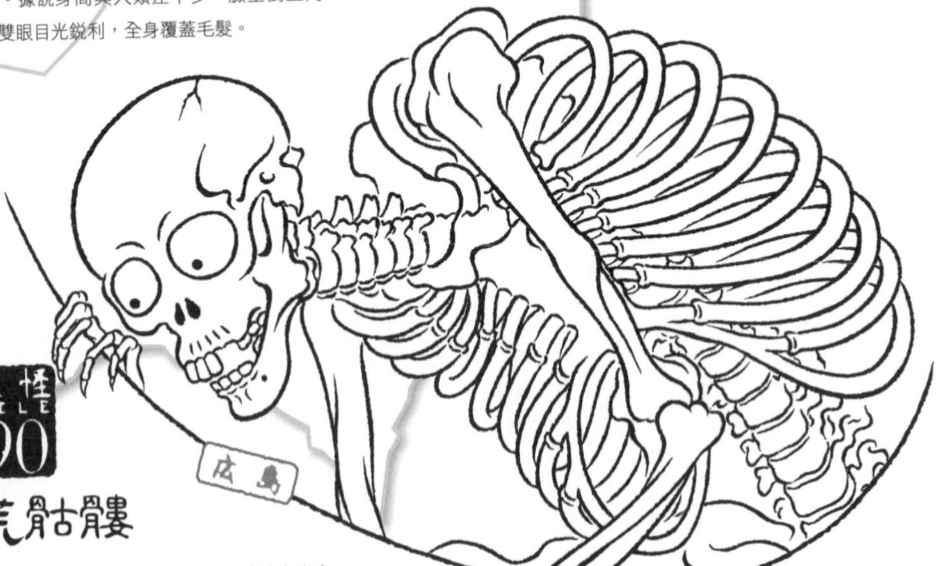

妖怪 FILE 90

荒骷髏

吃人的骸骨。深夜二點左右，荒骷髏就會發出喀啦喀啦的聲響站立起來。據說它是由路倒死在原野上的人們的骸骨聚集而成。

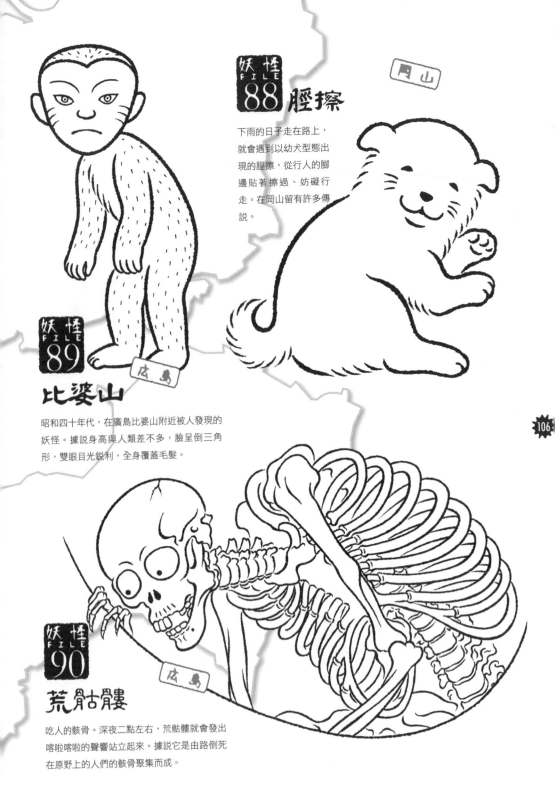

山口

妖怪FILE 91 牛鬼

以中國、四國地區為中心，各地皆有其傳說。據傳是牛與鬼（另有一說是土蜘蛛）合體而成的妖怪。出現在深潭、瀑布、海等水邊，會襲擊人類與家畜。

山口

妖怪FILE 92 岸涯小僧

外貌類似於毛髮繁密的河童，捕捉魚類為食，牙齒如銼刀般銳利。對人類沒有危害。

山口

妖怪FILE 93 次第高

是見越入道的同類。越是仰頭向上看它，它就會變得越高，如果往下看的話，它就會變小。傳説島根縣另外還有一種名為「次第坂」的妖怪，越抬頭看它，它就會變得越加傾斜。

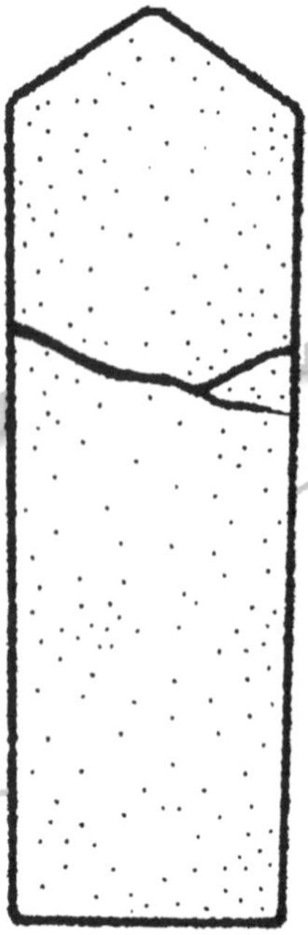

妖怪FILE 94 背背石

徳島

據這説是位於德島、某位知名力士的墓石。一到晚上就會發出「背背我」的説話聲，一旦背起它，就會變得越來越重。

妖怪FILE 95 兒啼爺

徳島

走在德島縣的山路上，據説會聽見小孩哭泣的聲音。哭泣聲的主人其實是外型似老人，只有一隻腳的怪物。

妖怪FILE 96 足纏

香川

以香川縣為中心流傳的傳說，是會纏著行人的腳、妨礙人類行走的怪異現象。據說其外貌為「手毬形狀、有灰色的毛」或「長得像小貓」等各式各樣。

妖怪FILE 97 笑面男

高知

主要棲息於高知縣山中的妖怪。遇見人類就會開始大笑，接著越笑越大聲，甚至響徹整座山林。其聲音會讓人一生難忘。

妖怪FILE 98 犬神

愛媛

狗之靈。會憑依在一個人或一個家族裡，雖然會帶給被附身的人一些恩惠，但是當被附身者出現羨慕別人的心情時，就會為對方帶來災厄。

九州、沖繩地區

又是預言、又是赴美 特殊程度全日本第一

位於日本西南方的九州、沖繩地區，是由許多島嶼南北排列而成、有著豐富自然環境的土地。在這裡，也居住著許多妖怪。水木茂原作漫畫及動畫《鬼太郎》中，鬼太郎的妖怪夥伴一反木棉以及塗壁，就是來自九州這個地方。

「件」的傳說流傳範圍主要以西日本為中心。在傳說中，件的外形大多臉似人、身體如牛，且會預言天地間的變異。據信，它所預言的內容必然會成真。出生在宮崎縣的件曾經預言：「就要發生大事件了，必須儲備糧食。」而沒過多久，就爆發了第二次世界大戰。

在第二次世界大戰後，據說也有遠渡重洋前往美國的稀奇妖怪。那就是傳說中棲息在鹿兒島縣奄美諸島的水蝠。

由於二戰過後，奄美大島在

妖怪 FILE 99 塗坊

長崎

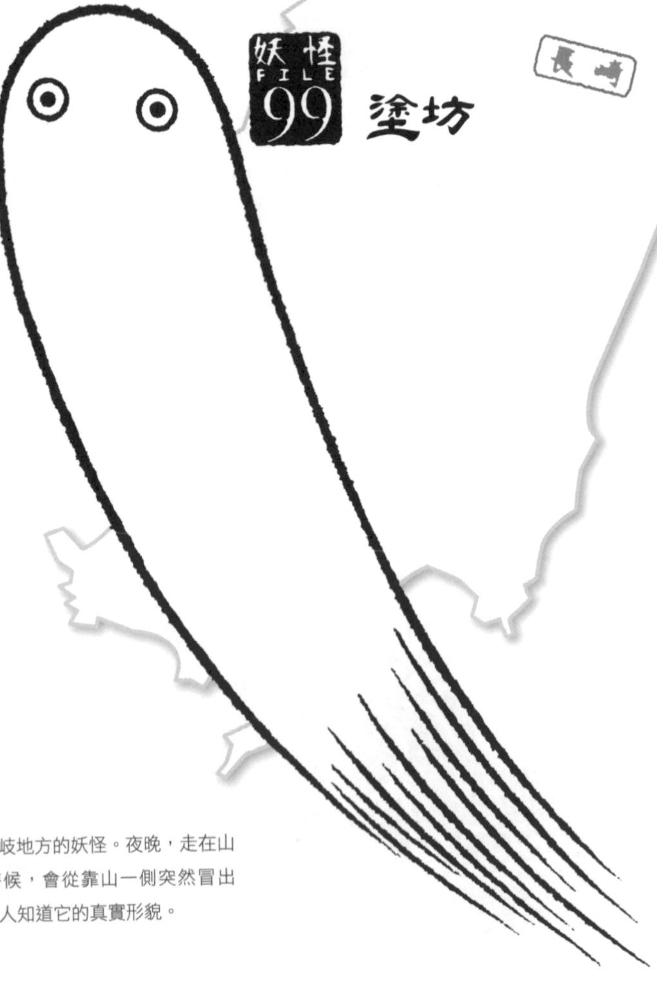

長崎縣壹岐地方的妖怪。夜晚，走在山路上的時候，會從靠山一側突然冒出來，沒有人知道它的真實形貌。

GHQ（※譯註）的命令下建立了臨時監獄，因此水蝠居住的細葉榕樹被大量砍伐。島民為了避免被水蝠報復，邊砍樹會一邊大喊：「這是麥克阿瑟命令我們做的。」從那以後，島上就再也沒見過水蝠的身影了。而不久之後，回到美國本土的麥克阿瑟將軍傳出訃聞，島民之間於是流傳著「水蝠之所以不見了，是因為跟著麥克阿瑟回到美國作祟」的說法。

在沖繩也有與水蝠非常相似，名為木精的木之精靈。作為觀光地區而大受旅客熱愛的九州、沖繩地區，說不定在妖怪之間也相當受歡迎呢。

※GHQ是「盟軍最高司令部（General Headquarters）」的英文縮寫，成立於第二次世界大戰後的日本，總司令為麥克阿瑟將軍。

妖怪FILE 100 件

宮崎

人面牛身的妖怪。剛剛誕生不久就預言災害將臨，沒過幾天就死了。據說在家中貼上繪有件形貌的圖畫，就能除去災厄。

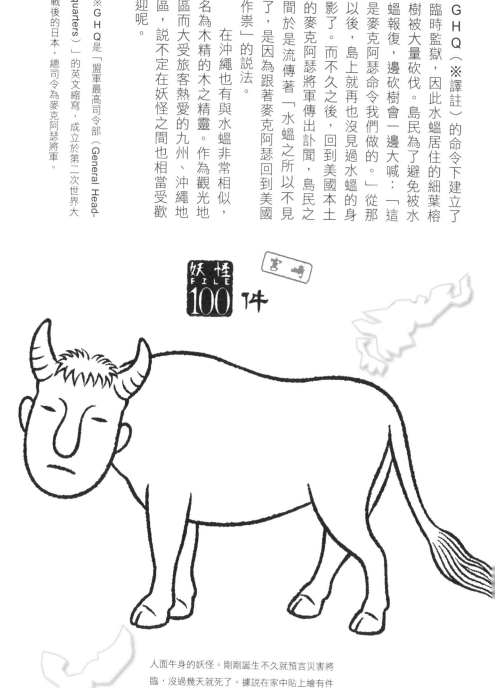

熊本

妖怪FILE 101 不知火

在農曆八月一日沒有月亮的夜晚，在八代海上出現了無數的紅光。這是成書於奈良時代的《日本書紀》中所記載的內容。

熊本

妖怪FILE 102 油須磨

居住於熊本縣一座名為草隅越（現今的草積）山頂上的妖怪。從前，只要在這座山頂上說到油須磨的故事，它就會說著「現在也還在唷！」現身。

長崎

妖怪FILE 103 磯女

上半身為人類女性，下半身則像幽靈般模糊縹緲。出沒在九州地區的岩岸或海邊，據信會以頭髮吸取人類的血液。

妖怪FILE 104 水蝹

鹿兒島

留著紅色的河童髮型，體型與人類小孩差不多，全身覆蓋著毛髮。跟河童一樣會與人類玩相撲遊戲、會給人類魚。有些水蝹的頭上也頂著小盤子。

妖怪FILE 105 天降女子

鹿兒島

鹿兒島縣奄美大島傳說中的天女。天降女子有許多和羽衣天女相似的民間傳說，都會誘惑人類男性。但也有一說，認為喝了天降女子遞過來的杓子裡的水就會死亡。

宮崎

妖怪 FILE 106 豆狸

化狸的一種。由於和貓或小狗差不多大小，因而得名。將陰囊展開後看起來就像是座墊，時常化身成人。

佐賀

妖怪 FILE 107 兵主部

鎌倉時代製造的咒術人偶所化成的河童。由於對人類造成傷害後，被一位名為兵部的官員所降伏，所以叫做兵主部。

大分

妖怪 FILE 108 山童

流傳於九州部分地區的妖怪，被認為是河童的夥伴。關於它的外形有著諸多說法，有形似狸的說法，也有呈獨眼小孩貌等各種傳說。

妖怪 FILE 109

長崎

磯撫

出沒於佐賀縣、長崎縣的海面上，形似鮫魚的大魚。尾鰭上有著堅硬如鐵的倒針，會以魚尾拂過船上乘客，使之落海後吃掉。

妖怪 FILE 110

沖繩

加那森林

位於那霸市漫湖畔的一個山丘。過去，它在漫湖邊自由行動，襲擊人類，最後才被土地之神限制了行動。

妖怪 FILE 111

沖繩

木精

又叫做樹精。外貌形似小孩，臉與頭髮皆為紅色。與人類熟稔之後會幫忙山林裡的工作，但有時也會惡作劇。

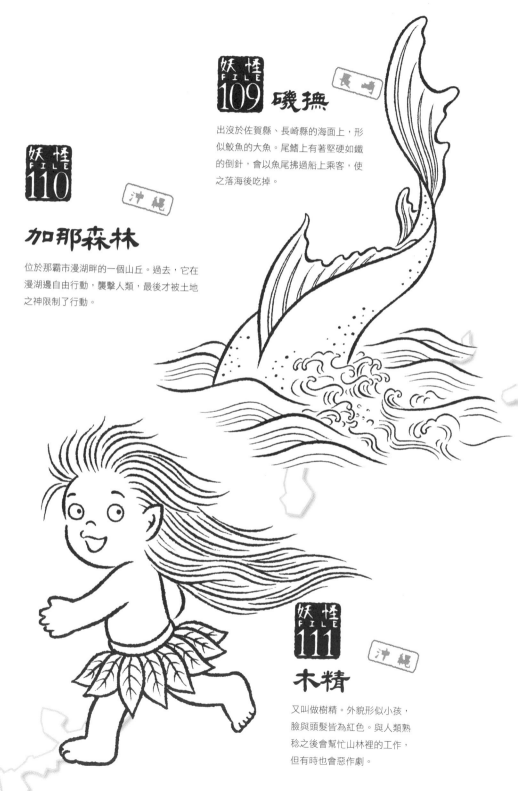

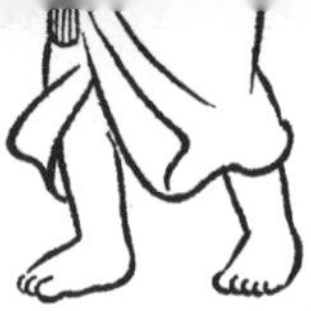

還有還有！這樣的妖怪們 2

與世界遺產相關的妖怪們

第3章裡介紹的**長壁姬**，就是居住在世界遺產姬路城中的妖怪。另外，出現在**奈良元**興寺的**元興寺**，與被**鐵鼠**襲擊的比叡山延曆寺，也都是世界遺產。而像這樣與世界遺產有深刻關聯的妖怪，其實不少。

舉例來說，二〇一三年登記為世界遺產的富士山，在傳說中就是名為**大太法師**（或名**大太郎坊**）的巨人從近江（現今的滋賀縣）地區挖土堆積而成。據說大太法師挖地後留下的痕跡，就是琵琶湖。

被日本國家足球隊選用為隊徽，有著三隻腳的**八咫烏**，也與二〇〇四年受認定為世界遺產的熊野地區有相當深刻的關係。根據日本神話，神武天皇在東征途中迷路之際，由上天派遣而來，引領他從熊野順利走到大和的使者，就是八咫烏。

這些詞彙，其實是妖怪的名字！

我們平常毫不在意地在生活中頻繁使用的詞彙，也有可能就是妖怪的名字。「**送行狼**」就是很好的例子。說到送行狼，現代人會想到的是帶著一副親切表情將人送到家門口，卻在最後露出真面目施暴的男性，但其實，真的有名為送行狼的妖怪。

根據各地流傳的傳說，送行狼正如其名，當人類行走在夜晚的山路時就會被送行狼尾隨。有時只是單純地送行人類，有時卻會躍過人類上方並撒下砂土使人跌倒，等人類跌倒在地的時候將之吃掉。另外，若是被送行狼好好地送回家，最好能向對方道謝，或是送一些鹽或紅豆等狼喜歡的東西做為謝禮。

在山上或山谷中大喊，或是發出巨大聲響的時候，出現的回音就叫做「**山彥**」，而山彥也是妖怪的名字。從前的人們認為，自己發出去的聲音或聲響出現回音再傳回來，是因為有山裡的精怪或棲息於山中的妖怪在模仿。於是古人將這些精怪或妖怪稱為山彥（或寫作幽谷響，兩者在日文中發音相同）。

令人意外的是，化妝品品牌「袈裟羅婆裟羅」的品牌名稱，其實是來自一九七〇年代在全日本引發熱潮的不可思議生物**袈裟羅婆裟羅**。這種妖怪有著雪白的蓬鬆毛髮，外形就像毛球，會為飼主帶來好運。

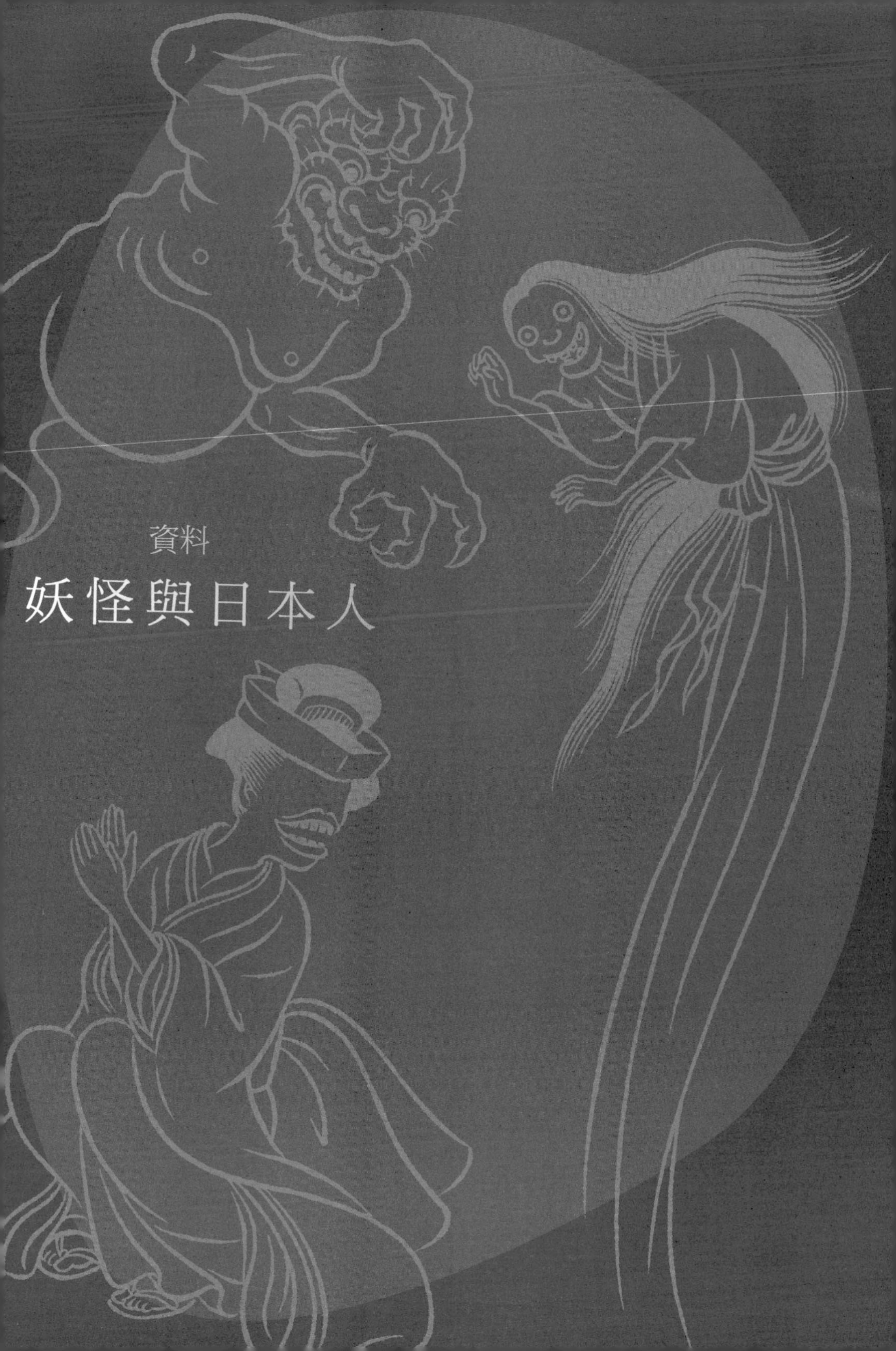

資料

妖怪與日本人

資料 推動妖怪文化的繪畫

催生妖怪畫新潮流的江戶時代浮世繪師們

平安時代末期，就已經出現描繪鬼或怪物、幻想怪獸的繪畫了。在那之後登場的，就是以妖怪出現到被降伏過程為主題的妖怪繪卷。

緊接著到了室町時代，那時大量盛行的「百鬼夜行」繪卷，描繪的是以鬼為主的異色妖怪們，大搖大擺信步於市町之間的圖畫。繪師土佐光信流傳後世的一幅《百鬼夜行繪卷》（收藏於大德寺珍珠庵），是數量龐大的百鬼夜行繪卷中最為古老的代表之作。畫作中栩栩如生地畫著釜以及五德爐架等古老用具化身而成的付喪神妖怪，與鬼怪們聲勢浩大一同遊街的模樣。

時間來到江戶時代，將妖怪一個一個獨立出來加以介紹，以圖鑑形式繪製的妖怪畫數量多了起來。其中最為知名的莫過於鳥山石燕的《畫圖百鬼夜行》了。石燕後來又陸續創作了《今昔畫圖續百鬼》、《今昔畫圖續百鬼拾遺》以及《百器徒然袋》。這些畫作給人的感覺不單純只有可怕，筆觸間隱隱然帶著可愛的妖怪們，不僅迷倒了當時的人們，更成為日本妖怪圖像的原型，為後世的創作者們帶來巨大的影響。

與石燕作品一同在江戶時代創造出超高人氣妖怪的，還有錦繪。錦繪，是一種以多色彩印刷的木板畫。舉凡葛飾北齋、歌川國芳、月岡芳年、河鍋曉齋等著名繪師，無一不是妖怪畫的創作者，並留下大量的名作。然而，從大正開始到昭和期間，妖怪畫卻進入了衰退期。等到再一次進入大眾的視線當中，就是在二戰過後水木茂發表《鬼太郎》作品的時候了。

江戶時代的主要妖怪繪師

鳥山石燕

江戶後期的畫家。自《畫圖百鬼夜行》開始，創作一系列妖怪圖鑑。包含他自創的妖怪在內，畫作中呈現了古今東西的妖怪約一百五十種，對後世妖怪文化造成相當大的影響。石燕的《畫圖百鬼夜行》系列皆為單色作品。

葛飾北齋

江戶後期的浮世繪師。代表作為著名的《富嶽三十六景》，其影響力不僅在日本國內，對海外畫家也有不可忽視的影響力。另一方面，在他的素描畫集《百物語》系列中，也繪有相當多的妖怪畫作。

月岡芳年

幕末～明治前期的畫家。曾向江戶後期的浮世繪師歌川國芳學習過浮世繪，留下許多以妖怪為主題的浮世繪畫作。由於作品中多有血腥畫面，因此又有「血腥芳年」之稱，其部分妖怪畫甚至遭到禁傳。

資料

大師・水木茂的世界

昭和的妖怪熱潮 自《鬼太郎》而起

說到妖怪活躍的漫畫，想必許多人腦中最先浮現的，就是水木茂大師的代表作《鬼太郎》吧。

水木在貸本漫畫家時期（※譯註），發表了《墓場鬼太郎》這篇作品。而後，到了一九六〇年代後期，當貸本漫畫業界逐漸衰退的時候，他開始在《週刊少年》漫畫雜誌上連載《墓場的鬼太郎》。然而，「墓場」系列的異色感相當強烈，主角鬼太郎既不驅退妖怪，也不以人類為同伴，因此遲遲無法獲得讀者青睞。

於是，在將故事設定改為：以鬼太郎為中心的善良妖怪們與危害人類的壞妖怪們戰鬥，之後才引起熱潮。不僅動畫化，還改名為《鬼太郎》推出電影版本，建立了國民妖怪漫畫的不可動搖地位。另外，拜《鬼太郎》帶來的這波風潮所賜，妖怪們也獲得了市民權。同時大量漫畫家因此開始描繪妖怪相關漫畫，創造了昭和第一波妖怪熱潮的契機。

另外，在水木作品中登場的妖怪可分為：

1.從鳥山石燕的妖怪畫集等史料，或參考鄉野傳說而來。

2.像撒砂婆婆以及塗壁這樣，將原本沒有固定型態的妖怪，以自己的想法創作而成。

3.完全由水木自己的創意創造而成。

這3大類別。水木不僅繪製了漫畫，更撰寫了許多網羅1~3全部種類妖怪的解說書籍。以無限的熱情與精力持續傳達著妖怪的魅力。

※貸本漫畫是一九五〇年代後半~一九六〇年代前半流行於日本的一種漫畫形式。漫畫家的作品不經過出版商發行出版，而是直接集結成書後借貸出租，因此市面上買不到這些漫畫，只能在出租店中以租借方式閱讀。當時專門繪製貸本漫畫的漫畫家，就稱為貸本漫畫家。

出現在《鬼太郎》的角色們

鬼太郎

主角。幽靈族的遺族，使用頭髮毛針、羽織以及電波接收天線與邪惡妖怪作戰。

鼠男

半妖怪。自稱是鬼太郎的朋友，然而被金錢或美女所迷惑而背叛鬼太郎的次數數也數不清。

眼球老爹

鬼太郎的親生父親。對妖怪的歷史與相關知識知之甚詳。人脈廣闊。最喜歡泡澡，常常泡在茶杯浴池裡。

撒砂婆婆

棲息在奈良縣的竹林中。雖然是有能力捲起漫天沙塵的驚人妖怪，但對鬼太郎來説，它就是代替母親角色的溫柔婆婆。

貓女

鬼太郎的朋友。乍看之下是個人類女孩，不過在與敵人戰鬥的時候，就會顯現出妖怪本性，以鋭利的爪子等進行攻擊。

資料

現代的妖怪們

從對立到共存——人類與妖怪的關係產生變化

以《鬼太郎》為首，在昭和第一波妖怪熱潮中的大多數作品，主軸皆放在驅退妖怪、說明怪奇事件原因等方面。另外，由於妖怪是來自異世界的產物，因此事件解決之後又會再次回歸異世界，也是常見的共通設定。

之後到了一九九〇年代，妖怪漫畫與小說的方向性開始出現變化。這時描寫的妖怪不再是存在於異世界的東西，而是與我們人類一起生活在同一個世界，換句話說就是人類的鄰居。妖怪成為人類的夥伴、好友，同時也是戀愛或「覺得可愛」的對象。這些可以說是一九九〇年代之後妖怪作品的特徵，漫畫《潮與虎》以及小說《娑婆氣》系列就是其中代表。這兩部作品皆描寫了人類與妖怪在共同行動當中，逐漸加深的羈絆關係。

近年來，有妖怪登場的遊戲也逐漸增加了。其中最為突出的，就是二〇一三～二〇一五年，在小學生之間擁有爆炸性人氣的《妖怪手錶》。

《妖怪手錶》的企劃、製作以跨媒體發展為前提，運用遊戲、動畫、漫畫、玩具等彼此加乘的效果，引發了堪稱社會現象的超高人氣。

今後的妖怪們，想必會在配合著時代潮流產生變化、進化的同時，持續地活躍於各式各樣的作品之中。

小說

陰陽師

陰陽師安倍晴明，與吹笛名手源博雅兩人大顯身手的時代小說。漫畫版由岡野玲子改編繪製而成。

百鬼夜行

主角京極堂（中禪寺秋彥）既是二手書店老闆，也是陰陽師。以戰後的日本為舞台，解決各種怪奇事件。

娑婆氣

以江戶為故事舞台。病弱的少當家與妖怪們同心協力，解決發生在江戶的各式各樣事件。插畫繪者為柴田尤。

漫畫

妖怪少爺

描繪妖怪首領滑瓢的孫子——中學生陸生率領著妖怪夥伴，與敵對妖怪戰鬥的故事。

妖怪聯絡簿

「友人帳」是人類與妖怪之間的契約書，本書以獲得了契約書的夏目與保鑣貓咪老師兩人為主，描繪他們與妖怪們之間的交流故事。

潮與虎

被封印了五百年的大妖怪——虎與解開其封印的潮，在與妖怪們戰鬥的同時，兩者之間的羈絆也逐漸加深。

遊戲

21世紀的妖怪們
在RPG遊戲裡也擁有超高人氣！

小學5年級的景太遇見了自稱妖怪管家的威斯帕，使用對方送的妖怪手錶，挑戰解決與妖怪相關的事件。七〇～八〇年代的熱門話題，也以諧仿的方式出現在遊戲中。遊戲裡不乏雙關語的運用，是大人也會覺得有趣的內容。

左邊為吉胖貓。因被車子輾過而成為地縛靈的貓妖怪，寄居在景太家裡。右邊為附身在神社狛犬身上的妖怪，名為小石獅。其可愛的造型也是獲得高人氣的原因之一。

主要妖怪索引

國家圖書館出版品預行編目資料

日本妖怪的世界 / 小松和彥著 ; 柴田尤繪 ; 黃玉寧譯.
-- 初版. -- 臺中市 : 晨星, 2017.06
面 ;　公分. -- (Guide book ; 248)
譯自 : 知識ゼロからの妖怪入門
ISBN 978-986-443-249-3(平裝)

1. 妖怪　2. 日本

298.6　106002301

Guide Book 248
日本妖怪的世界

【原文書名】：知識ゼロからの妖怪入門

作者 | 小松和彥
繪者 | 柴田尤
譯者 | 黃玉寧
編輯 | 余順琪
封面設計 | 柳佳璋
美術編輯 | 菩薩蠻數位文化有限公司

創辦人 | 陳銘民
發行所 | 晨星出版有限公司
台中市工業區30路1號
TEL：04-23595820　FAX：04-23550581
E-Mail: service@morningstar.com.tw
http://www.morningstar.com.tw
行政院新聞局局版台業字第2500號
法律顧問 | 陳思成律師
承製 | 知己圖書股份有限公司TEL：04-23581803
初版 | 西元2017年6月15日
郵政劃撥 | 22326758（晨星出版有限公司）
讀者服務專線 | 04-23595819 # 230

印刷 | 上好印刷股份有限公司

定價 280 元
（如書籍有缺頁或破損，請寄回更換）
ISBN : 978-986-443-249-3